中学英語から
最短ルートで
スコアUP!

TOEIC® L&Rテスト 文法&リスニング 基礎トレ500問

▶ 和久健司 著

「このままだと自分の人生が退屈なものになる」。30歳の時サラリーマンを辞め、ワーキングホリデーでオーストラリアに行ったのは10年以上前のことです。

帰国後、無職だった僕は「オーストラリアにいたんだから、英語に関わる仕事を探そう」と、ハローワークに通いました。自分にはこれといった資格もなく、ワーホリ帰りだからといって英語が堪能になったわけではありませんでした。でも自分なりに海外に出た意味を持ちたかったんだと思います。

「英語関連」という希望を伝えると、職員の方々は皆こう尋ねました。「TOEICスコアはありますか」と。僕は「受けたことないんです」と返しつつ、TOEICというテストがそれなりにメジャーなことを知りました。「どれくらいのスコアをゲットできれば仕事もゲットできるのだろう」と、ハローワークからの帰り道、軽い気持ちで買ったのが公式問題集です。

帰宅して問題集を開き、そしてそっと閉じました。「これやばい」これが正直な感想です。でも、ルロイ修道士の「困難は分割せよ」という言葉を思い出し、少しずつ解くことにしました。

自ら分割するまでもなく、TOEICは7つのパートに分かれています。そのリスニングとリーディングでそれぞれ最も簡単そうなパートがPart 2、Part 5でした。まずはこの2つをやってみよう、それがスタートでした。

今振り返っても、この2パートから始めたことは良かったと思います。Part 2はPart 3、Part 4に比べて音声が短く、選択肢が3つであることからも成果が出やすいパートです。また、ここで得た英語を聞き取る姿勢や、聞きながら考える習慣がPart 3、Part 4に活きたことも実感できました。

Part 5もリーディングの他パートに比べて英文が短く、問われている内容が明確です。当時は品詞問題、語彙問題なんてわかっていませんでしたが、「ここを問うている」というメッセージが明確なのは素人の僕でもわかりました。

後に購入した参考書『TOEIC® L&Rテスト 直前の技術』（アルク）にも、スコアが上がり易い順にPart 2、Part 5とあったのを見て、自分の進め方が理に適っていたことを感じました。そしてこれらをベースに学習することで、スコアは伸び、英語に関係する仕事に就くこともできたのです。ドラクエの盗賊の鍵、魔法の鍵、最後の鍵のように、スコアが上がるにつれあけられる（応募できる）ドア（仕事）も確かに増えていきました。

本書では初めてTOEICに挑戦する方、英語が本当に苦手な方を対象に、この2パートの攻略法を解説しています。今の英語力がどれだけ低くとも、TOEICの問題に正解できる実力をつけられるよう基礎から説明しています。各STAGEでは「過去の自分がこれを知っていたら、もっと早くスコアアップできただろうな」と感じたポイントを「攻略の鍵」としてまとめました。これらを駆使し、演習を繰り返すことで誰でもスコアアップすることができます。

コマンドは常に「たたかう」にセットして、ゲーム感覚で読み進めてください。本書がプレーヤーであるあなたのお役に立つことができれば、僕もホイミンが人間になれた時と同じような気持ちになれそうです。

和久健司

CONTENTS

リスニング 10 STAGES

文法 10 STAGES

だんだんレベルが上がる4つのSTEPで、
TOEICのスコアアップに直結する20のSTAGEを無理なく攻略！

本書は1冊でリスニング（Part 2）と文法（Part 5）のTOEIC対策ができる問題集です。TOEICのスコアアップに直結する20のSTAGEがあり、それぞれのSTAGEには少しずつレベルが上がる4つのSTEPがあります。STEPを1つずつ攻略することで、中学英語レベルから本番レベルまで無理なくレベルアップできる構成になっています。

合計で500の問題があります。P. 215～P. 222のマークシートを使って問題を解いてみましょう。

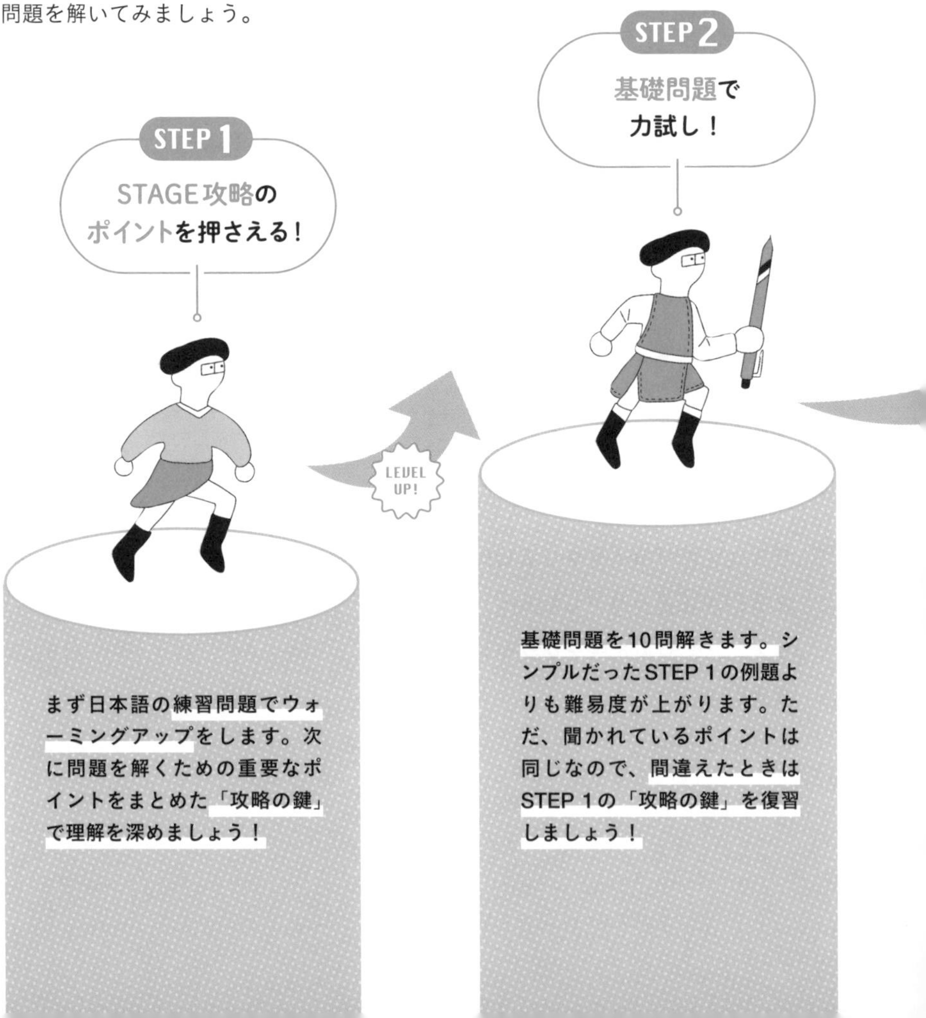

STEP 1

STAGE攻略のポイントを押さえる！

LEVEL UP!

まず日本語の練習問題でウォーミングアップをします。次に問題を解くための重要なポイントをまとめた「攻略の鍵」で理解を深めましょう！

STEP 2

基礎問題で力試し！

基礎問題を10問解きます。シンプルだったSTEP 1の例題よりも難易度が上がります。ただ、聞かれているポイントは同じなので、間違えたときはSTEP 1の「攻略の鍵」を復習しましょう！

LEVEL UP!

STEP 4

本番レベルの問題に
チャレンジ！

STEP 3では、基礎問題よりも更にレベルアップした実践問題5問を解きます。ここでSTEP 1、STEP 2で学んだ解き方が身についているかしっかり確認しましょう。

最後に本番形式の問題を5問解きます。これが解ければもうTOEICマスター！　本番の試験でしっかりと戦える力が備わっています。

ここでは本書で扱うTOEICのPart 2（リスニング）とPart 5（文法）の問題について紹介します。まずはPart 2です。

Part 2とは?

問題形式
英語で質問とそれに対する3つの応答が流れます。応答の中から最もふさわしいものを1つ選びます。

問題数と出題パターン
問題は全部で25問です。大きく分けて7つの出題パターンがあり、その中でも「疑問詞」を使った疑問文が出題の4割以上を占めます。

Sample

Question:
Where will the budget meeting be held?

Answers:
(A) We're doing it online.
(B) By the board of directors.
(C) To cut down on costs.

「オンラインで実施します」と答えている（A）が正解となります。

目標
まずは、本書で扱う「疑問詞」を使った疑問文を中心に、25問中12問の正解を目指しましょう！

基本戦略
①疑問文のボス「疑問詞」をマスター！
②選択肢は「選ばずに切る」
（詳しくはp.12からのリスニングSTAGE 01で紹介しています！）

続いてPart 5です。

Part 5とは?

問題形式

英文の空欄に入る正しい語句を4つの選択肢の中から選びます。

問題数と出題パターン

問題は全部で30問です。「品詞問題」「文法問題」「語彙問題」の3つに出題パターンが分かれます。

Sample

Question:

Please ------- off lights in hallways and offices when no one is using them.

Answers:

(A) turn
(B) turning
(C) turns
(D) turned

Pleaseの後ろなので動詞の原形が入ります。

目標

まずは、本書で扱う「品詞問題」を中心に、30問中15問の正解を目指しましょう!
また1問20秒以内に解くことができれば、残りの問題に余裕をもって取り組めます。

基本戦略

①選択肢を見て問題タイプを識別。
②コスパ&タイパの良い「品詞問題」を攻略!
(詳しくはp.114からの文法STAGE 01で紹介しています!)

ダウンロード音声のご案内

本書の問題の英文音声は、
ダウンロードでお聞きいただけます。

パソコンでダウンロードする場合

下記の「アルクダウンロードセンター」にアクセスの上、画面の指示に従って音声ファイルをダウンロードしてお使いください。

https://portal-dlc.alc.co.jp

スマートフォンからダウンロードする場合

下記のURLから学習用アプリ「booco」をインストールの上、ホーム画面下「探す」から本書を検索し、音声ファイルをダウンロードしてください。

https://www.booco.jp/

▶ 文法クリア条件

Part 2 形式のリスニング問題
（疑問詞を使った疑問文）の攻略

STAGE 01

疑問詞の把握

このStageのクリア条件 ▶▶ 疑問詞と解答方法がわかる

STEP 1-1 ▶ 問題形式と解答へのアプローチ

次の例題をやってみましょう。

▶例題　Q. マニュアルのコピーはどこに置けばよいですか。
(A) いいえ、私はそこへ行ったことがありません。
(B) 私の机の上にお願いします。
(C) 彼はコーヒーが欲しいです。

正解は (B) ですね。このような出題が英語になったものがPart 2です。例題のQ.を本書では**「質問文」**と呼びます。これに対し、(A) ～ (C) の選択肢を**「応答」**とします。例えばあなたが、「昨日の夜は何を食べたの？」と聞かれたら「ハンバーグです」「忙しくて食べませんでした」などの応答をするでしょう。これは**質問文を理解しているからこそできる**ことですよね。

でも、「昨日の夜は※♨▲◎☆彡＊□✧△？」ではどうでしょう。聞かれていることがわからないのに答えようがありません。したがって**質問文を聞き、理解すること**がPart 2を攻略する上でとても大切になります。

そしてこの質問文に多く登場するのが**「疑問詞」**です。この疑問詞、質問文の内容を牛耳っていて、問いかけの内容を左右します。いわば質問文のボスです。ゲームのボスが最後に出てくるのに対して、**Part 2では質問文の最初にボスが登場します。**イメージとしてはこんな感じです。

ボス　子分　子分　子分　子分　子分？

次の練習問題でボスの位置を確認し質問文に慣れましょう。

STEP 1-2 ▶ 練習問題でウォーミングアップ

日本語を参考に、次の空欄にどの疑問詞が入るか選んでください。
※P. 215に解答用のマークシートがあります。

1. ------- is the manager of the accounting department?
(経理部のマネージャーは誰ですか)
(A) What
(B) When
(C) Who

2. ------- is the nearest post office?
(一番近い郵便局はどこですか)
(A) Why
(B) Where
(C) How

3. ------- was the company picnic postponed?
(会社のピクニックはなぜ延期になったのですか)
(A) Why
(B) When
(C) Where

4. ------- will the meeting begin?
(会議はいつ始まりますか)
(A) Which
(B) Who
(C) When

5. ------- is the theme for the next workshop?
(次のワークショップのテーマは何ですか)
(A) What
(B) Whose
(C) How

解答解説

1.　**正解：(C) Who**

Who is the manager of the accounting department?
(経理部のマネージャーは誰ですか)
accounting department 图 経理部
ここでのボスは「誰」です。英語ではWhoです。

2.　**正解：(B) Where**

Where is the nearest post office?
(一番近い郵便局はどこですか)
post office 图 郵便局
ここでのボスは「どこ」です。英語ではWhereです。

3.　**正解：(A) Why**

Why was the company picnic postponed?
(会社のピクニックはなぜ延期になったのですか)
postpone 動 〜を延期する
ここでのボスは「なぜ」です。英語ではWhyです。

4.　**正解：(C) When**

When will the meeting begin?
(会議はいつ始まりますか)
meeting 图 会議
ここでのボスは「いつ」です。英語ではWhenです。

5.　**正解：(A) What**

What is the theme for the next workshop?
(次のワークショップのテーマは何ですか)
theme 图 テーマ
ここでのボスは「何」です。英語ではWhatです。

日本語で文中にある疑問詞が、英語では全て文頭に置かれます。つまり、Part 2 では質問文の先頭を集中して聞くことが大切です。

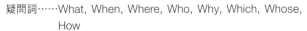

攻略の鍵

質問文には疑問詞という名のボスが計8体登場

疑問詞……What, When, Where, Who, Why, Which, Whose, How

質問文は半数弱が疑問詞の文です。つまり、疑問詞をマスターすることがPart 2攻略の最短ルートです。

選択肢は選ばずに「切る」

Q. Where should I put this copy of the manual?

(A) No, I've never been there. ―― × 切る
(B) On my desk, please. ―― ○ 残す
(C) He wants a cup of coffee. ―― × 切る

応答の選択肢は、正しいものを選ぶのではなく、間違っているものを「切る」視点が大切です。間違いは以下の３パターンに分けることができます。

パターン 1

Wh-/How → Yes/No を切る

「どこ？」と尋ねているのに、(A) のように「いいえ」と答えては×。「君の家どこ？」に対して「はい！」「いいえ！」はやばいですよね。

パターン 2

似た音の引っ掛けを切る

(C) の選択肢を見て、「He で答えちゃってるよ」と思ったあなたは鋭い！　が、TOEIC の名人に（C）が×な理由を聞けば、きっとこう言うはず。「coffee じゃよ」と。copy（コピー）と（C) coffee（コーヒー）の似た発音が引っ掛けとなっています。

パターン 3

ルアー回避

ルアーとは疑似餌（ぎじえ）のことで、魚が餌と間違って食いついてしまうあれです。例えば、質問文の copy に対して paper（紙）や、ink（インク）といったそれっぽい関連語を選択肢に混ぜて、受験者が正解だと思って食いつくのを狙ってきます。

STEP 2 ▶ 基礎問題で力試し

001 ～ 010

次の音声を聞いて、発話された疑問詞（ボス）を選んでください。
1 ～ 5はそのまま疑問詞を、6 ～ 10はその意味を選びましょう。
※P. 216に解答用のマークシートがあります。

1.
(A) What
(B) When
(C) How
(D) Why

2.
(A) Why
(B) Where
(C) When
(D) Which

3.
(A) Where
(B) Who
(C) What
(D) Which

4.
(A) How
(B) Who
(C) When
(D) Why

5.
(A) Where
(B) When
(C) What
(D) Who

6.
(A) いつ
(B) どこで
(C) 何
(D) なぜ

7.
(A) どちらの
(B) いつ
(C) 何
(D) なぜ

8.
(A) いつ
(B) どこで
(C) どのように
(D) 何

9.
(A) どこで
(B) いつ
(C) なぜ
(D) どちらの

10.
(A) 何
(B) どのように
(C) どこで
(D) 誰のもの

解答解説

001 1. **正解：(A) What**
(A) 何
(B) いつ
(C) どのように
(D) なぜ

002 2. **正解：(C) When**
(A) なぜ
(B) どこ
(C) いつ
(D) どちらの

003 3. **正解：(B) Who**
(A) どこ
(B) 誰
(C) 何
(D) どちらの

004 4. **正解：(D) Why**
(A) どのように
(B) 誰
(C) いつ
(D) なぜ

005 5. **正解：(A) Where**
(A) どこ
(B) いつ
(C) 何
(D) 誰

006 6. **正解：(B) Where**
(A) When
(B) Where
(C) What
(D) Why

007 7. **正解：(B) When**
(A) Which
(B) When
(C) What
(D) Why

008 8. **正解：(C) How**
(A) When
(B) Where
(C) How
(D) What

009 9. **正解：(D) Which**
(A) Where
(B) When
(C) Why
(D) Which

010 10. **正解：(A) What**
(A) What
(B) How
(C) Where
(D) Whose

10.（D）Whose は、実際の TOEIC テストでの出題は極めてまれです。

STEP 3 ▶ 実践問題でレベルアップ

011 〜 015

音声を聞いて、選択肢の中から**似た音の語**を選んでください（実際の問題では「切る」語、つまり引っ掛けている語を選びます。）
※P. 217に解答用のマークシートがあります。

1.
(A) furniture
(B) deck
(C) wall
(D) floor

2.
(A) light
(B) room
(C) office
(D) poster

3.
(A) station
(B) bicycle
(C) training
(D) street

4.
(A) replace
(B) park
(C) call
(D) talk

5.
(A) enter
(B) promote
(C) retire
(D) take

解答解説

011 **1.** **正解：(B)** 音声はdesk（机）
(A) furniture　家具
(B) deck　波止場
(C) wall　壁
(D) floor　床

012 **2.** **正解：(D)** 音声はpost（ポスト）
(A) light　ライト
(B) room　部屋
(C) office　オフィス
(D) poster　ポスター

013 **3.** **正解：(C)** 音声はtrain（電車）
(A) station　駅
(B) bicycle　自転車
(C) training　トレーニング
(D) street　通り

014 **4.** **正解：(A)** 音声はplace（場所）
(A) replace　(～を) 交換する
(B) park　(～を) 駐車する
(C) call　(人に) 電話を掛ける
(D) talk　話す

015 **5.** **正解：(C)** 音声はtire（タイヤ）
(A) enter　～に入る
(B) promote　～を昇進させる
(C) retire　引退する
(D) take　～をとる

選択肢の単語はTOEIC頻出のものばかりです。「ん?」と思った選択肢は発音とともに覚えるようにしましょう。

STEP 4 ▶ 本番レベルの問題にチャレンジ

🔈 016～020

音声を聞いて、選択肢の中から**関連する語（ルアー）**を選んでください（実際の問題では「切る」語を選びます）。
※P. 219に解答用のマークシートがあります。

1.
(A) street
(B) sofa
(C) intern
(D) manager

2.
(A) laptop
(B) receipt
(C) camera
(D) stationery

3.
(A) departure
(B) radio
(C) proposal
(D) shop

4.
(A) animal
(B) jazz
(C) promotion
(D) retirement

5.
(A) meeting
(B) president
(C) employee
(D) guide

解答解説

016 1. **正解：(B)** 音声は furniture（家具）
(A) street　通り
(B) sofa　ソファ
(C) intern　インターン生
(D) manager　マネージャー

017 2. **正解：(C)** 音声は picture（写真）
(A) laptop　ノートパソコン
(B) receipt　レシート
(C) camera　カメラ
(D) stationery　文具

018 3. **正解：(A)** 音声は airport（空港）
(A) departure　出発
(B) radio　ラジオ
(C) proposal　提案
(D) shop　店

019 4. **正解：(B)** 音声は music（音楽）
(A) animal　動物
(B) jazz　ジャズ
(C) promotion　昇進
(D) retirement　引退

020 5. **正解：(D)** 音声は tour（ツアー）
(A) meeting　ミーティング
(B) president　社長
(C) employee　従業員
(D) guide　ガイド

「ふーん、こうやって引っ掛けてくるのか」とルアーの出題例が把握できればバッチリです。次のSTAGEからはより詳しく疑問詞を見ていきます。

STAGE 02

疑問詞攻略What

このStageのクリア条件 ▶▶ Whatの訳し方がわかる

STEP 1-1 ▶ 問題形式と解答へのアプローチ

次の例題をやってみましょう。

▶例題　Q. あなたの大学の専攻は何でしたか。
(A) はい、私は昨日電話しました。
(B) 研究棟の5階です。
(C) 異文化コミュニケーションです。

当然正解は（C）です。簡単ですね。あなたも「Whatくらい知ってるわ。あれだろ、『何』って訳すやつだろ」と思うかもしれません。私もそうでした。しかしWhatはもう少し奥が深いです。つっこんで見てみましょう。

1. あなたの大学の専攻は何でしたか。
2. 新しいソフトウェアの研修会は何時ですか。
3. どんな材料がこのパンに使われているんですか。

1. What was your major in university?
2. What time is the workshop on the new software?
3. What ingredients are in this bread?

日本語はそれぞれ異なるのに、英語では全てWhatになっています。ここがWhatのボスの攻略ポイントです。練習問題でWhatを使った質問文のバリエーションを確認し、Whatをどう訳していけばよいかを見てみましょう。

STEP 1-2 ▶ 練習問題でウォーミングアップ

次の質問文に対して最も適切な応答を選んでください。

1. 空港に行くのに一番良い方法は何ですか。
   (A) いいえ、荷物は預けません。
   (B) 搭乗ゲートは25番です。
   (C) 無料のシャトルバスが出ていますよ。

2. 私たちは何時にここを出発すれば良いでしょう。
   (A) 午後2時でどうですか。
   (B) 15ドルと聞いています。
   (C) その腕時計は人気です。

3. ランチのオススメメニューは何ですか。
   (A) メニューをどうぞ。
   (B) シェフに確認しますね。
   (C) 6名で予約しています。

4. 勤務初日にはどんな文書が必要ですか。
   (A) 顔写真だけお持ちください。
   (B) 午前8時からです。
   (C) こちらのペンをお使いください。

5. オフィス備品の合計コストはいくらでしたか。
   (A) インクカートリッジです。
   (B) 信頼できる運送会社です。
   (C) 請求書を転送します。

解答解説

1. **正解：(C)**

空港に行くのに一番良い方法は何ですか。

(A) いいえ、荷物は預けません。

(B) 搭乗ゲートは25番です。

(C) 無料のシャトルバスが出ていますよ。

「何ですか」の質問文です。Whatの基本的なパターンです。

2. **正解：(A)**

私たちは何時にここを出発すれば良いでしょう。

(A) 午後2時でどうですか。

(B) 15ドルと聞いています。

(C) その腕時計は人気です。

「何時」の質問文です。質問文はWhat time ~と流れます。

3. **正解：(B)**

ランチのオススメメニューは何ですか。

(A) メニューをどうぞ。

(B) シェフに確認しますね。

(C) 6名で予約しています。

1.と同じくこちらも「何ですか」の基本パターンです。

4. **正解：(A)**

勤務初日にはどんな文書が必要ですか。

(A) 顔写真だけお持ちください。

(B) 午前8時からです。

(C) こちらのペンをお使いください。

Whatが「どんな」と訳されている質問文です。

5. **正解：(C)**

オフィス備品の合計コストはいくらでしたか。

(A) インクカートリッジです。

(B) 信頼できる運送会社です。

(C) 請求書を転送します。

Whatが「いくら」と訳されている質問文です。
英文では、例えばWhat's the total cost ~と流れます。

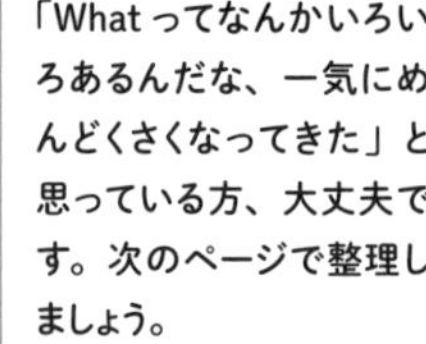

「Whatってなんかいろいろあるんだな、一気にめんどくさくなってきた」と思っている方、大丈夫です。次のページで整理しましょう。

Whatで覚えるべきことは、たったの3パターンです

	訳し方	例文
パターン 1	何	What did you eat for lunch? (お昼ごはんは何を食べたんですか)
パターン 2	どんな	What movies do you like? (あなたはどんな映画が好きですか)
パターン 3	定番 (覚える)	What time does the game start? (試合は何時に始まりますか)

訳し分けも簡単です。次のチャートに沿って訳しましょう！

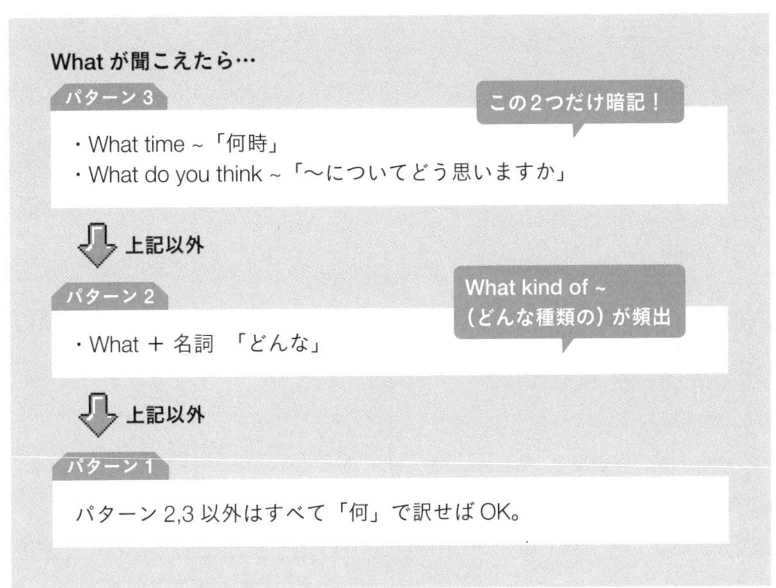

Whatが聞こえたら…
パターン3
この2つだけ暗記！
・What time ~「何時」
・What do you think ~「〜についてどう思いますか」
上記以外
パターン2
What kind of ~
(どんな種類の) が頻出
・What ＋ 名詞　「どんな」
上記以外
パターン1
パターン2,3以外はすべて「何」で訳せばOK。

上記パターンに加え、以下の2つも抑えましょう。
・What is the cost of ~「〜はいくらですか」
・What is the wrong with ~「〜はどうしましたか」

あとはSTAGE 01で学んだ「切り」を実践するだけです！

STEP 2 ▶ 基礎問題で力試し

次のWhatを含む下線部を**どう訳すか**選んでください（音声は流れません）。

1. What is the telephone number of your office?
   (A) 何
   (B) どんな
   (C) いくら

2. What color should we paint the wall?
   (A) いくら
   (B) どんな色
   (C) どうかしましたか

3. What time does the company picnic start?
   (A) 何
   (B) どんな
   (C) 何時

4. What do you think of the new logo?
   (A) 何時
   (B) どんな
   (C) どう思いますか

5. What do you do on Saturdays?
   (A) 何
   (B) どんな
   (C) どう思いますか

6. What was wrong with the microwave?
   (A) いくら
   (B) どんな
   (C) どうかしましたか

7. What kind of music does Tom listen to?
   (A) どう思いますか
   (B) どんな
   (C) 何時

8. What are they building near the station?
   (A) 何
   (B) どんな
   (C) どう思いますか

9. What was the cost of your flight ticket?
   (A) 何時
   (B) どんな
   (C) いくら

10. What decisions were made at the meeting?
   (A) どうかしましたか
   (B) どんな決定
   (C) いくら

解答解説

1. **正解：(A) 何**
あなたのオフィスの電話番号は何ですか。
「何」で訳すパターン1です。

2. **正解：(B) どんな色**
壁はどんな色に塗ればよいですか。
wall 名 壁
Whatの後ろのcolorが名詞なので、パターン2です。

3. **正解：(C) 何時**
会社のピクニックは何時に始まりますか。
What timeは覚えておくべきパターン3です。

4. **正解：(C) どう思いますか**
新しいロゴはどう思いますか。
What do you think of~も覚えておくべきパターン3です。

5. **正解：(A) 何**
あなたは土曜日に何をしますか。
「何」で訳すパターン1です。

6. **正解：(C) どうかしましたか**
電子レンジはどうかしましたか。
microwave 名 電子レンジ
What is wrong with~が過去形になったものです。

7. **正解：(B) どんな**
トムはどんな種類の音楽を聞きますか。
Whatの後ろのkindが名詞です。

8. **正解：(A) 何**
彼らは駅付近に何を建てているのですか。
「何」で訳すパターン1です。

9. **正解：(C) いくら**
航空券代はいくらでしたか。
Part 2ではHow muchよりこの表現のほうが出題されます。

10. **正解：(B) どんな決定**
会議ではどんな決定がされたのですか。
decision 名 決定
decisionが名詞なのでパターン2です。

これであなたはもうPart 2のWhatに関して上級者です。実際にPart 2形式の問題に挑戦してみましょう。

STEP 3 ▶ 実践問題でレベルアップ

021 ～ 025

Whatの訳に気をつけながら、実際にPart 2形式の問題に挑戦してみましょう。

1. Mark your answer on your answer sheet.

2. Mark your answer on your answer sheet.

3. Mark your answer on your answer sheet.

4. Mark your answer on your answer sheet.

5. Mark your answer on your answer sheet.

HINT

□ book 動 ～を予約する

解答解説

英文中の下線はルアーの引っ掛け、黒の太字は似た音の引っ掛けを表しています。

021 **1. 正解：(B)**

What is the telephone number of your office?
(A) Sure, I'd love to.
(B) 078-5567.
(C) I booked for ten people.

あなたのオフィスの電話番号は何ですか。
(A) もちろんです、ぜひとも。
(B) 078-5567です。
(C) 10人で予約しています。

「何」で訳します。聞き取りやすいnumberのルアーに注意です。

---

022 **2. 正解：(A)**

What color should we **paint** the wall?
(A) Dark blue, please.
(B) A **paint**brush.
(C) About 90 dollars.

壁はどんな色に塗ればよいですか。
(A) 濃紺でお願いします。
(B) 刷毛です。
(C) およそ90ドルです。

(C) 90ドルはいかにもありそうですが、問われているのは「色」です。

---

023 **3. 正解：(C)**

What time does the company picnic start?
(A) At Central Park.
(B) Nice weather.
(C) 9 a.m. I heard.

会社のピクニックは何時に始まりますか。
(A) 中央公園です。
(B) 良い気候です。
(C) 午前9時と聞いています。

What timeをしっかりと聞き、ルアーを徹底して切ります。

---

024 **4. 正解：(A)**

What do you think of the **new logo**?
(A) We like it very much.
(B) He **knew** it.
(C) I'll **log** in right now.

新しいロゴはどう思いますか。
(A) 私たちはとても気に入っていますよ。
(B) 彼はそれを知っていました。
(C) すぐログインします。

質問文は覚えておくべき表現です。似た音で切り、(A) を残します。

---

025 **5. 正解：(C)**

What do you do on Saturdays?
(A) No, I didn't go there.
(B) The company calendar.
(C) Just relax with my family.

あなたは土曜日に何をしますか。
(A) いいえ、私はそこへは行っていません。
(B) 会社のカレンダーです。
(C) 家族とくつろいでいます。

やはりルアーに注意です。

STEP 4 ▶ 本番レベルの問題にチャレンジ

026 ～ 030

いよいよ本番と同じ問題です。選択肢は選ばずに「切る」ことを意識して解答してください。

1. Mark your answer on your answer sheet.

2. Mark your answer on your answer sheet.

3. Mark your answer on your answer sheet.

4. Mark your answer on your answer sheet.

5. Mark your answer on your answer sheet.

HINT

□ storage room 名 倉庫　□ supply 名（通常、複数形で）備品　□ department 名 部、課
□ transfer 動 ～を転勤させる　□ retirement 名 引退　□ in charge of ~ ～の担当で

解答解説

026 **1. 正解：(C)**

What do we **keep** in that storage **room**?

(A) They won't **keep** you waiting.

(B) Yes, there's still **room**.

(C) Mostly office supplies.

倉庫に保管しているのは何ですか。

(A) 彼らはあなたを待たせるつもりはありません。

(B) はい、まだ場所があります。

(C) ほとんどがオフィスの備品です。

同じ音 (keep) は正解になる可能性もありますが、基本的には引っ掛けです。What に Yes で答えている (B) は NG です。

---

027 **2. 正解：(C)**

What department is Maribel **trans**ferring to?

(A) The **trans**lator sent it.

(B) That's an **apartment** complex.

(C) I heard it was sales.

Maribel はどんな部署に異動するのですか。

(A) 翻訳者がそれを送りました。

(B) 集合住宅です。

(C) 営業部と伺いました。

質問文と似た音を含む選択肢を切れたかがポイントです。

---

028 **3. 正解：(B)**

What do you think of the new vacation policy?

(A) No, not that much.

(B) I preferred the old system.

(C) My manager said so.

新しい休暇規則についてどう思いますか。

(A) いえ、それほど多くはありません。

(B) 従来のほうが好きでしたね。

(C) 私の部長がそう言いました。

What に No で答えている (A) は NG です。

---

029 **4. 正解：(B)**

What time does boarding begin?

(A) Yes, that's right.

(B) Pretty soon, I think.

(C) Sure, I have **time**.

搭乗開始は何時ですか。

(A) はい、その通りです。

(B) 間もなくだと思います。

(C) もちろん、時間はありますよ。

What に Yes で答えている (A) は NG です。

---

030 **5. 正解：(C)**

What are we planning for Robert's **retire**ment?

(A) They enjoyed the party.

(B) I'm still a little **tired**.

(C) Imelda's in charge of that.

Robert の退職に何を計画していますか。

(A) 彼らはパーティーを楽しみました。

(B) まだ少し疲れています。

(C) Imelda が取り仕切っていますよ。

(A)「退職」→「パーティー」のルアーを回避できたかがポイントです。

STAGE 03

疑問詞攻略Where

このStageのクリア条件 ▸▸「場所」以外の正解がわかる

STEP 1-1 ▶ 問題形式と解答へのアプローチ

次の例題をやってみましょう。

▶例題　Q1. この会場近くだとどこで昼食が取れますか。
(A) 午前11時からです。
(B) 通りの向かいにカフェがあります。
(C) 無農薬の野菜です。

正解は (B) です。Whereは「場所」を尋ねる疑問詞なので「通りの向かい」と場所を示している (B) が正解になるのはわかりやすいかもしれません。「オッケー、こういうのが正解ね」と思った方は次の問題を見てみましょう。

▶例題　Q2. この会場近くだとどこで昼食が取れますか。
(A) 午前11時からです。
(B) サンドイッチと飲み物が配られますよ。
(C) 無農薬の野菜です。

正解は (B) ですが、(A)～(C) の応答に「場所」を表す語はありません。つまり、場所を手掛かりに正解を探すと不正解になるリスクを負います。STAGE 01「攻略の鍵」で**選択肢は選ばずに「切る」**と確認しましたが、「で、残った選択肢ってこれでいいのかな？　Whereなのに場所を答えていないけど……」といった不安はこれで解消できるはずです。「(B) サンドイッチと飲み物が配られますよ (だからランチのお店は心配しなくて平気だよ)」といった、**明確に場所を答えないものも正解になり得ます**。このような応答パターンを本書では**「距離」**と呼びます。

STEP 1-2 ▶ 練習問題でウォーミングアップ

次の質問文への応答が (A) 場所 (B) 距離のどちらのパターンか選んでください。

1. コピー機はどこですか。
→ 部屋を出て右手です。
(A) 場所
(B) 距離

2. 今日の会議はどこで行われますか。
→ 実は中止になったんです。
(A) 場所
(B) 距離

3. このタブレットのカメラはどこについていますか。
→ 主電源の隣です。
(A) 場所
(B) 距離

4. パリ行きの飛行機はどこから搭乗すればよいですか。
→ 27番ゲートです。
(A) 場所
(B) 距離

5. そのパンフレットはどこで手に入りますか。
→ これを持っていていいですよ。
(A) 場所
(B) 距離

解答解説

1. **正解：(A) 場所**
コピー機はどこですか。
→ 部屋を出て右手です。
「右手」と場所を示しています。

2. **正解：(B) 距離**
今日の会議はどこで行われますか。
→ 実は中止になったんです。
場所を答えていませんが、正解になるパターンですね。

3. **正解：(A) 場所**
このタブレットのカメラはどこについていますか。
→ 主電源の隣です。
「主電源の隣」と場所を示しています。

4. **正解：(A) 場所**
パリ行きの飛行機はどこから搭乗すればよいですか。
→ 27番ゲートです。
具体的なゲートの番号で場所を示しています。

5. **正解：(B) 距離**
そのパンフレットはどこで手に入りますか。
→ これを持っていていいですよ。
「パンフレットを取りに行かずとも、僕のものを見ればいいよ」の距離パターンです。

「場所」以外でこういうのが答えとしてアリなんだ、と思えたらレベルアップしてます。

場所を答えない応答に注意！

質問文の例

Where would be able to find Mr. Walker this afternoon?
（今日の午後はWalkerさんにどこでお会いできますか）

	応答パターン	応答例
パターン1	場所	**He'll be in his office.** （彼のオフィスにいますよ）
パターン2	距離	**He's on vacation now.** （彼は休暇中です）

Where が聞こえたら…

Step 1

まずは、Where 以降の子分をできる限り把握！

Where（○○○○○○○○○）？
ボス

ここを聞き取る！

Step 2

次に、応答の選択肢の中の「似た音」「ルアー」を切る！

「場所」or「距離」で答えているものが正解。

今あなたがゲットしたアイテムは「距離」です。基本は「切る」を使いつつ、「距離」が正解になるパターンを把握しましょう。

STEP 2 ▶ 基礎問題で力試し

次の質問文→応答を (A) ○ (成立する) (B) × (成立しない) から選んでください (音声は流れません)。

1. Where is the post office?
→ A police officer.
(A) ○　　(B) ×

2. Where is the conference held?
→ In the hotel.
(A) ○　　(B) ×

3. Where is a good place for breakfast?
→ Sugar and milk.
(A) ○　　(B) ×

4. Where can I buy a ticket for the concert?
→ It's sold out now.
(A) ○　　(B) ×

5. Where is the meeting room for the sales team?
→ Yes, he's our manager.
(A) ○　　(B) ×

6. Where can I take a taxi?
→ Near the entrance.
(A) ○　　(B) ×

7. Where can I find information about the museum?
→ You can check the Web site.
(A) ○　　(B) ×

8. Where's the coffee maker?
→ Ask a cleaner, please.
(A) ○　　(B) ×

9. Where's the entrance to the hospital?
→ Dr. Martinez.
(A) ○　　(B) ×

10. Where do the tourists come from?
→ A tour agent.
(A) ○　　(B) ×

解答解説

1. **正解：(B) ×**
郵便局はどこですか。
→警察官です。

2. **正解：(A) ◯**
会議はどこで行われますか。
→ホテル内です。
conference 图 会議

3. **正解：(B) ×**
朝食をとるのに良い場所はどこですか。
→砂糖と牛乳です。

4. **正解：(A) ◯**
コンサートのチケットはどこで買えますか。
→現在完売しています。

5. **正解：(B) ×**
営業部の会議室はどこですか。
→はい、彼は私たちのマネージャーです。

6. **正解：(A) ◯**
タクシーはどこで拾えますか。
→入口付近です。
entrance 图 入口

7. **正解：(A) ◯**
博物館の情報はどこで見られますか。
→ウェブサイトをチェックしてください。

8. **正解：(A) ◯**
コーヒーメーカーはどこですか。
→清掃係に聞いてください。

9. **正解：(B) ×**
病院の入り口はどこですか。
→Martinez医師です。

10. **正解：(B) ×**
その旅行客たちはどこから来ていますか。
→旅行代理店です。
tour agent 图 旅行代理店

「場所」を答えていないけど正解になる「距離」パターンは 4, 7, 8 のような応答です。

STEP 3 ▶ 実践問題でレベルアップ

031 ～ 035

「切る」ことを意識しつつ「距離」と「場所」を残すつもりで解答してください。

1. Mark your answer on your answer sheet.
2. Mark your answer on your answer sheet.
3. Mark your answer on your answer sheet.
4. Mark your answer on your answer sheet.
5. Mark your answer on your answer sheet.

HINT

□ session 名 集まり、セッション　□ sales team 名 営業部　□ quarterly 形 四半期の
□ budget 名 予算

解答解説

031 **1.** **正解：(A)**

Where is the **post office** around **here**?

(A) It's in the station.

(B) A **police officer**.

(C) **Here**'s a receipt.

この近くの郵便局はどこですか。

(A) 駅構内にあります。

(B) 警察官です。

(C) レシートです。

似た音は切り、場所を答えている（A）を残します。（A）の構内はinで示されています。

---

032 **2.** **正解：(B)**

Where is a good place for **breakfast**?

(A) Sugar and milk, please.

(B) Tony's café on Fifth Street is my favorite.

(C) Let's have a **break** after this session.

朝食をとるのに良い場所はどこですか。

(A) 砂糖と牛乳をください。

(B) 5番通りのTony's caféが好きです。

(C) このセッションのあと休憩にしましょう。

（A）のルアーと（C）の似た音を切ります。（B）の前置詞が通りにあることを表します。

---

033 **3.** **正解：(A)**

Where is the meeting **room** for the sales team?

(A) Let me check the e-mail.

(B) Yes, he is our manager.

(C) The **room** is large enough.

営業部の会議室はどこですか。

(A) メールを確認します。

(B) はい、彼は私たちのマネージャーです。

(C) 部屋は十分な広さがあります。

（A）のメールに会議室についての情報があると考えられる距離の問題です。

---

034 **4.** **正解：(C)**

Where's the entrance to the **hospital**?

(A) Dr. Martinez.

(B) Thank you for your **hospitality**.

(C) Follow me, I'll show you.

病院の入口はどこですか。

(A) Martinez医師です。

(B) おもてなしに感謝します。

(C) ついてきてください、ご案内します。

（A）病院と医師のルアーに注意です。正解（C）は距離の応答です。

---

035 **5.** **正解：(B)**

Where do the **tourists** come from?

(A) A **tour** agent.

(B) I hear they're from France.

(C) Maybe twenty people.

その旅行客たちはどこから来ていますか。

(A) 旅行代理店です。

(B) フランスからだそうです。

(C) おそらく20名です。

1.2.と同様、場所での応答には（B）のfromのように前置詞が正解のヒントとなります。

STEP 4 ▶ 本番レベルの問題にチャレンジ

036 ～ 040

いよいよ本番と同じ問題です。選択肢切りと「距離」と「場所」を意識して解答してください。

1. Mark your answer on your answer sheet.

2. Mark your answer on your answer sheet.

3. Mark your answer on your answer sheet.

4. Mark your answer on your answer sheet.

5. Mark your answer on your answer sheet.

HINT

□ reception 名 受付　□ delivery 名 配達物　□ overnight mail 名 翌日配達便
□ copy 名（本、冊子などの）部　□ extra 形 余剰の、追加の　□ candidate 名 候補者
□ résumé 名 履歴書　□ board of directors 名 役員会

解答解説

036 **1. 正解：(C)**

Where is the **reception** counter?
(A) By three o'clock.
(B) I don't need a **receipt**.
(C) It's just past the lobby.

受付はどこですか。
(A) 3時までです。
(B) レシートは必要ありません。
(C) ロビーを過ぎたところです。

場所を示すパターンです。前置詞pastが使われています。

---

037 **2. 正解：(A)**

Where did you put that **delivery**?
(A) I left it on your desk.
(B) By overnight mail.
(C) That was **deli**cious.

配達物はどこに置きましたか。
(A) あなたの机の上に置きました。
(B) 翌日配達便で。
(C) あれは美味しかったです。

(A) 前置詞onに注意しつつ、(B) のルアー、(C) の似た音を切ります。

---

038 **3. 正解：(B)**

Where can I get a **copy** of the schedule?
(A) No, we can't.
(B) I have an extra one.
(C) I'd love some **coffee**.

スケジュールのコピーはどこで入手できますか。
(A) いいえ、私たちにはできません。
(B) 予備を一部持っていますよ。
(C) コーヒーをお願いします。

(B)「だからこれ使いなよ」の距離です。

---

039 **4. 正解：(C)**

Where did that candidate **graduate** from?
(A) Con**gratulat**ions!
(B) Just last year.
(C) Here's her résumé.

その候補者はどこの卒業生ですか。
(A) おめでとうございます。
(B) 昨年です。
(C) こちらが彼女の履歴書です。

3.と同様引っ掛けを切り、距離を残します。

---

040 **5. 正解：(A)**

Where will the budget meeting be held?
(A) We're doing it online.
(B) By the board of directors.
(C) To cut down on costs.

予算会議はどこで行われますか。
(A) オンラインでしますよ。
(B) 役員会によって。
(C) コスト削減のためです。

(B) byは場所を示していません。正解の (C) は「オンラインなので場所は問わないよ」の距離です。

STAGE 04

疑問詞攻略When

このStageのクリア条件 ▶▶「日時」以外の正解がわかる

STEP 1-1 ▶ 問題形式と解答へのアプローチ

次の例題をやってみましょう。

▶例題　Q1. Jonesさんの引退セレモニーはいつですか。
(A) 明日は晴れそうです。
(B) 来月最初の土曜ですよ。
(C) 車で行きましょう。

正解は（B）です。Whenは「いつ」と時を尋ねる疑問詞です。これに対して素直に「来月最初の土曜ですよ」と「日時」を答えています。さて、勘の良い方は次の問題がどのようなものか、予測がついているかもしれません。早速見てみましょう。

▶例題　Q2. Jonesさんの引退セレモニーはいつですか。
(A) 明日は晴れそうです。
(B) Mikeが段取りをしているみたいです。
(C) 車で行きましょう。

「ほら、やっぱり」と思った方はすでにTOEICの初心者ではありません。なぜって、正解パターンを把握しているわけですから。正解は（B）で、「Mikeが段取りをしているみたいです（だから彼に聞けばわかるんじゃない？）」という「距離」のパターンでした。そうです、**Whereで学んだ攻略の鍵で、Whenの扉も開けることが可能**です。この2つは“Whe”まで発音も共通です。聞き分けから演習しましょう。

STEP 1-2 ▶ 練習問題でウォーミングアップ

次の音声を聞いてWhere / Whenどちらの疑問詞かを聞き分けてください。

041 ～ 045

1.
(A) Where
(B) When

2.
(A) Where
(B) When

3.
(A) Where
(B) When

4.
(A) Where
(B) When

5.
(A) Where
(B) When

解答解説

041 1. **正解：(A)**
(A) Where
(B) When

042 2. **正解：(B)**
(A) Where
(B) When

043 3. **正解：(B)**
(A) Where
(B) When

044 4. **正解：(A)**
(A) Where
(B) When

045 5. **正解：(B)**
(A) Where
(B) When

When/Where は Part 2
疑問詞を使った疑問文で
の出題頻度2トップです。

日時を答えない応答に注意！

質問文の例
When will the new construction be finished?
（その新しい建設はいつ終わる予定ですか）

	応答パターン	応答例
パターン 1	日時	By the end of the month. （月末までには終わる予定です）
パターン 2	距離	Let me check the schedule. （スケジュールを確認します）

When と Where の聞き取りは超重要！

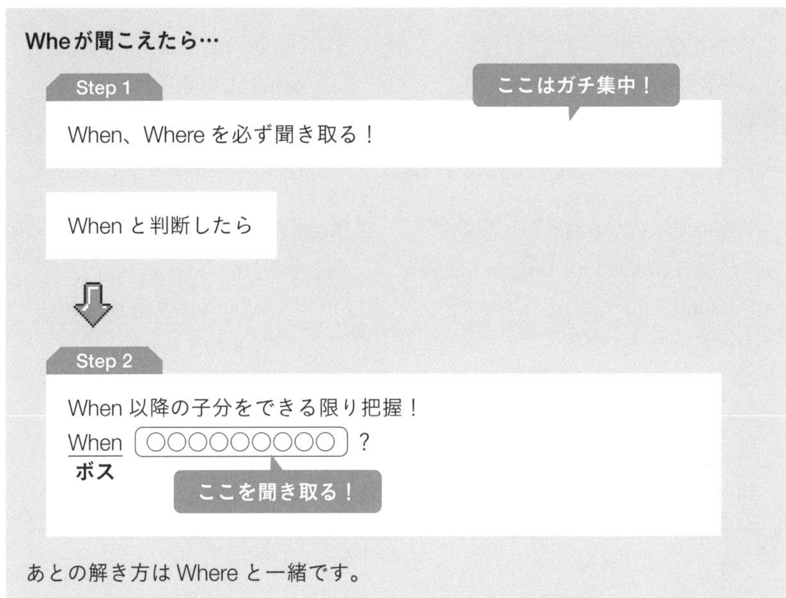

Wheが聞こえたら…
Step 1
ここはガチ集中！
When、Where を必ず聞き取る！
When と判断したら
Step 2
When 以降の子分をできる限り把握！
When 〇〇〇〇〇〇〇〇〇〇 ？
ボス
ここを聞き取る！
あとの解き方は Where と一緒です。

Where と When は「必ず出る」と断言できる Part 2の飛車角です。この2つの理解が Part 2の出来を左右します。When の出題パターンも Where とよく似ているため、同じタイプの練習を重ねましょう。

STEP 2 ▶ 基礎問題で力試し

次の質問文→応答を (A) ○ (成立する) (B) × (成立しない) から選んでください (音声は流れません)。

1. When should I order office supplies?
   → Oh, I just did it.
   (A) ○ (B) ×

2. When is the next meeting?
   → Probably on Friday.
   (A) ○ (B) ×

3. When does the shop close?
   → Yes, they sell clothes.
   (A) ○ (B) ×

4. When will you meet our client?
   → I am waiting for her to call back.
   (A) ○ (B) ×

5. When is the budget report due?
   → Yes, it was reported.
   (A) ○ (B) ×

6. When do the new staff start?
   → Tomorrow morning.
   (A) ○ (B) ×

7. When will the tomatoes be delivered?
   → Ketchup and mustard.
   (A) ○ (B) ×

8. When do you take your lunch break?
   → A large food court.
   (A) ○ (B) ×

9. When can we buy the movie tickets?
   → Which movie do you want to see?
   (A) ○ (B) ×

10. When are you moving to Sydney?
    → I was so moved.
    (A) ○ (B) ×

解答解説

1. 正解：(A) ◯
オフィスの備品はいつ注文すればよいですか。
→ああ、もう私がやりました。

2. 正解：(A) ◯
次の会議はいつですか。
→おそらく次の金曜です。

3. 正解：(B) ×
店は何時に閉まりますか。
→ええ、服を売っています。

4. 正解：(A) ◯
クライアントにはいつ会いますか？
→彼女からの返事を待っているんです。

5. 正解：(B) ×
予算報告の締め切りはいつですか。
→はい、それは報じられました。
due 形（提出物が）期限の、（乗り物が）到着予定の

6. 正解：(A) ◯
新しいスタッフはいつ働き始めますか。
→明日の朝ですよ。

7. 正解：(B) ×
トマトはいつ配達されますか。
→ケチャップとマスタードです。

8. 正解：(B) ×
お昼休みはいつとっているのですか。
→大きなフードコートです。

9. 正解：(A) ◯
映画のチケットはいつ買えますか。
→どの映画をご希望ですか。

10. 正解：(B) ×
シドニーへはいつ引っ越すのですか。
→非常に感動しました。

1. が正解できていた人、素晴らしいです！　いきなり難しい問題でしたね。

STEP 3 ▶ 実践問題でレベルアップ

046 〜 050

「切る」ことを意識しつつ「距離」と「日時」を残すつもりで解答してください。

1. Mark your answer on your answer sheet.

2. Mark your answer on your answer sheet.

3. Mark your answer on your answer sheet.

4. Mark your answer on your answer sheet.

5. Mark your answer on your answer sheet.

HINT

□ grocery store 名 スーパーマーケット

解答解説

046 **1. 正解：(A)**

When does the shop **close**?

(A) At seven o'clock.

(B) Yes, they sell **clothes**.

(C) No, we don't.

店は何時に閉まりますか。

(A) 7時です。

(B) ええ、服を売っています。

(C) いいえ、私たちはしません。

似た音、Yes/Noを切ります。

---

047 **2. 正解：(B)**

When is the budget **report due**?

(A) Yes, it was **reported**.

(B) You should ask Susan.

(C) The bus is **due** to arrive soon.

予算報告の締め切りはいつですか。

(A) はい、それは報じられました。

(B) Susanに聞いてください。

(C) バスは間もなく到着するはずです。

(A) は似た音とYes/Noで切れます。

---

048 **3. 正解：(B)**

When will the **tomatoes** be delivered?

(A) Ketchup and mustard.

(B) In two days.

(C) A grocery store.

トマトはいつ配達されますか。

(A) ケチャップとマスタードです。

(B) 2日後には。

(C) スーパーマーケットです。

ルアー切りが問われる問題です。

---

049 **4. 正解：(C)**

When do you **take** your lunch break?

(A) A large food court.

(B) **Take** away, please.

(C) Usually after twelve thirty.

お昼休みはいつとっているのですか。

(A) 大きなフードコートです。

(B) 持ち帰りでお願いします。

(C) だいたい12時半以降です。

これも「切る」を徹底したい問題です。

---

050 **5. 正解：(A)**

When are you **moving** to Sydney?

(A) How did you find that out?

(B) No, we didn't go there.

(C) I was so **moved**.

シドニーへはいつ引っ越すのですか。

(A) どうして知っているのですか。

(B) いえ、そこへは行きませんでした。

(C) 非常に感動しました。

(A) 聞き返す距離の難問ですが、(B) と (C) を切れば正解できます。

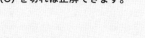

STEP 4 ▶ 本番レベルの問題にチャレンジ

051 ～ 055

いよいよ本番と同じ問題です。選択肢切りと「距離」を意識して解答してください。

1. Mark your answer on your answer sheet.

2. Mark your answer on your answer sheet.

3. Mark your answer on your answer sheet.

4. Mark your answer on your answer sheet.

5. Mark your answer on your answer sheet.

HINT

□ technology expo 名 技術博覧会　□ accounting department 名 経理部
□ expense 名 費用、経費　□ pot 名 鍋　□ submit 動 ～を提出する
□ revise 動 ～を修正する　□ contact 動 ～に連絡をとる

解答解説

051 **1.　正解：(C)**

When is the **next** technology expo?

(A) **Next** to the printer.

(B) In London and Paris.

(C) Probably in July.

次の技術博はいつですか。

(A) プリンターの隣りです。

(B) ロンドンとパリです。

(C) おそらく7月です。

(C) 時を示しています。

---

052 **2.　正解：(A)**

When did Morris start working here?

(A) Right after university.

(B) We're open until nine tonight.

(C) In the accounting department.

Morris がここで働き始めたのはいつですか。

(A) 大学卒業後すぐです。

(B) 夜9時まで開いています。

(C) 経理部です。

(A) こちらも時を示しています。

---

053 **3.　正解：(B)**

When will this **rain** finally stop?

(A) **Mine** already arrived.

(B) Not for another few days, I hear.

(C) Let me know **when** you do.

この雨はいつやむのでしょう。

(A) 私のものはすでに届きました。

(B) あと数日はやまないみたいです。

(C) あなたがするときは教えて下さい。

(B) 時を示しています。

---

054 **4.　正解：(C)**

When is my **expense report** due?

(A) There's a **pot** in the kitchen.

(B) It was very **expensive**.

(C) Next Monday.

経費報告書の締め切りはいつですか。

(A) 台所に鍋があります。

(B) とても高価でした。

(C) 次の月曜ですよ。

(C) ストレートに曜日を答えています。

---

055 **5.　正解：(A)**

When can we submit the revised **design**?

(A) The clients said they'd contact us.

(B) She's retiring at the end of this month.

(C) Just **sign** your name here.

修正版のデザインはいつ提出できそうですか。

(A) クライアントから連絡があります。

(B) 彼女は今月末で退職します。

(C) ここにサインしてください。

(A) が残せれば距離の捌きはバッチリです。

STAGE 05

疑問詞攻略Who

このStageのクリア条件 ▶▶ Whoが誰を指すかがわかる

STEP 1-1 ▶ 問題形式と解答へのアプローチ

次の例題をやってみましょう。

▶例題

Q1. ワークショップ運営の担当は誰ですか。
(A) Kelly氏です。
(B) 午後2時からです。
(C) スポーツ用品です。

Q2. 出張経費は誰に提出すればよいですか。
(A) 来週の金曜日までです。
(B) およそ90ドルです。
(C) 私が受け取ります。

Q3. 来週の会議では誰がプレゼンしますか。
(A) プロジェクターをセットしました。
(B) 私がする予定です。
(C) 会議室Dです。

正解はそれぞれQ1. (A)、Q2. (C)、Q3. (B) です。もうこの形式にも慣れたことかと思いますが、本STAGEで確認したいことは「Whoの宛先」です。WhereとWhenが「どこ?」「いつ?」といったシンプルな問いであったのに対し、**Whoは「誰」「誰が」「誰に(を)」と尋ねる「誰」のバリエーションがあります。このパターンを知っているか知っていないかで、質問文の理解が大きく変わってきます。**次の練習問題で把握しておきましょう。

STEP 1-2 ▶ 練習問題でウォーミングアップ

次の（　　）に適するWhoの訳を選んでください。

1. 私の上司は（　　）ですか。
(A) 誰
(B) 誰が
(C) 誰に（を）

2. あなたは昨日そこで（　　）会ったのですか。
(A) 誰
(B) 誰が
(C) 誰に（を）

3. そのオフィスでは（　　）働いていますか。
(A) 誰
(B) 誰が
(C) 誰に（を）

4. あなたのクライアントは（　　）ですか。
(A) 誰
(B) 誰が
(C) 誰に（を）

5. 私は、この予算については（　　）報告すればよいですか。
(A) 誰
(B) 誰が
(C) 誰に（を）

解答解説

1. 正解：(A) 誰

私の上司は誰ですか。

英文：Who is my supervisor?

※supervisor 名 上司

2. 正解：(C) 誰に（を）

あなたは昨日そこで誰に会ったのですか。

英文：Who did you meet there yesterday?

3. 正解：(B) 誰が

そのオフィスでは誰が働いていますか。

英文：Who works in the office?

4. 正解：(A) 誰

あなたのクライアントは誰ですか。

英文：Who is your client?

5. 正解：(C) 誰に（を）

私は、この予算については誰に報告すればよいですか。

英文：Who should I report to about this budget?

Whoの訳し方は次の3パターン

	訳し方	例文
パターン1	誰	Who is in charge of the charity project? （そのチャリティ事業の担当は誰ですか）
パターン2	誰が	Who will receive the shipment from the IT department? （IT部の発送品は誰が受け取りますか）
パターン3	誰に（を）	Who should I ask about taking a vacation? （休暇の取得については誰に尋ねたらいいですか）

見分け方

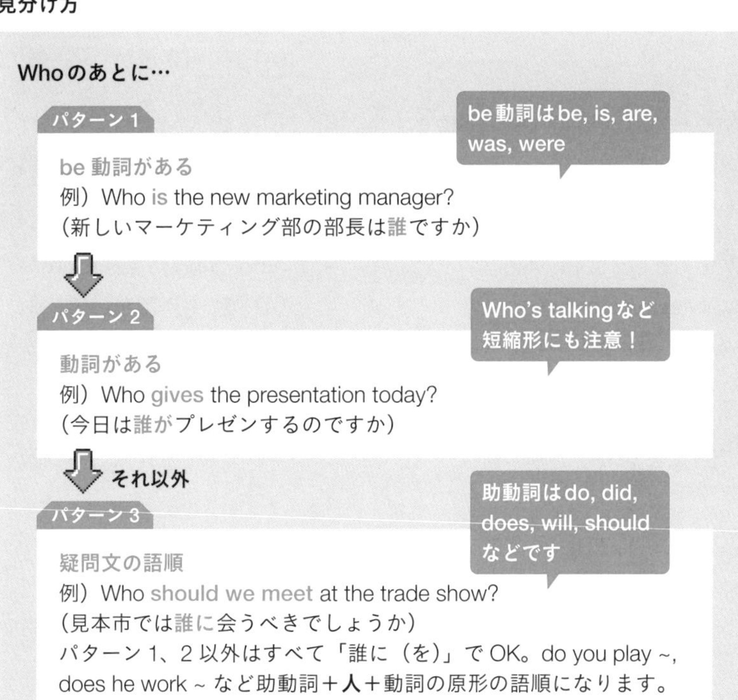

Whoのあとに…

パターン1

be動詞がある
例）Who is the new marketing manager?
（新しいマーケティング部の部長は誰ですか）

be動詞はbe, is, are, was, were

パターン2

動詞がある
例）Who gives the presentation today?
（今日は誰がプレゼンするのですか）

Who's talkingなど短縮形にも注意！

それ以外

パターン3

疑問文の語順
例）Who should we meet at the trade show?
（見本市では誰に会うべきでしょうか）
パターン1、2以外はすべて「誰に（を）」でOK。do you play ~, does he work ~ など助動詞＋人＋動詞の原形の語順になります。

助動詞はdo, did, does, will, shouldなどです

注意1　be＋~ingの進行形はパターン2になります。
注意2　be going toはカットして考えます。
例）Who (is going to) be your supervisor?

STAGE 05

STEP 2 ▶ 基礎問題で力試し

次の質問文のWhoを（A）誰　（B）誰が　（C）誰に（を）の中から選んでください（音声は流れません）。

1. Who is today's guest?
   (A) 誰　(B) 誰が　(C) 誰に(を)

2. Who set up this computer?
   (A) 誰　(B) 誰が　(C) 誰に(を)

3. Who is going to join Mr. Kato's retirement party?
   (A) 誰　(B) 誰が　(C) 誰に(を)

4. Who did our supervisor interview yesterday?
   (A) 誰　(B) 誰が　(C) 誰に(を)

5. Who is John's trainer?
   (A) 誰　(B) 誰が　(C) 誰に(を)

6. Who should I pick up at the airport?
   (A) 誰　(B) 誰が　(C) 誰に(を)

7. Who is in charge of organizing these files?
   (A) 誰　(B) 誰が　(C) 誰に(を)

8. Who do you meet today?
   (A) 誰　(B) 誰が　(C) 誰に(を)

9. Who cleaned this room?
   (A) 誰　(B) 誰が　(C) 誰に(を)

10. Who has the manual?
    (A) 誰　(B) 誰が　(C) 誰に(を)

解答解説

1. **正解：(A) 誰**
今日のゲストは誰ですか。
Whoのあとがbe動詞なのでパターン1です。

2. **正解：(B) 誰が**
このコンピューターは誰が設定しましたか。
Whoのあとに動詞でパターン2「誰が」です。

3. **正解：(B) 誰が**
Katoさんの退職パーティーには誰が参加しますか。
Whoのあとにbe going toがありますがカットして考えます。パターン2です。

4. **正解：(C) 誰に（を）**
私たちの上司は昨日誰を面接したのですか。
Whoのあとが助動詞＋人＋動詞の原形の語順でパターン3です。

5. **正解：(A) 誰**
Johnのトレーナーは誰ですか。
Whoのあとがbe動詞でパターン1「誰」です。

6. **正解：(C) 誰に（を）**
空港へは誰を迎えに行けばよいですか。
Whoのあとが助動詞＋人＋動詞の原形の語順でパターン3です。

7. **正解：(A) 誰**
ファイルの管理担当は誰ですか。
Whoのあとがbe動詞でパターン1です。

8. **正解：(C) 誰に（を）**
今日あなたは誰に会うのですか。
Whoのあとが助動詞＋人＋動詞の原形の語順でパターン3です。

9. **正解：(B) 誰が**
誰がこの部屋を掃除したのですか。
Whoのあとに動詞があるのでパターン2です。

10. **正解：(B) 誰が**
誰がマニュアルを持っていますか。
Whoのあとに動詞なのでパターン2です。

STEP 3 ▶ 実践問題でレベルアップ

056 ～ 060

STEP 2で練習したWhoの宛先を意識して解答しましょう。

1. Mark your answer on your answer sheet.

2. Mark your answer on your answer sheet.

3. Mark your answer on your answer sheet.

4. Mark your answer on your answer sheet.

5. Mark your answer on your answer sheet.

HINT

□ flat 形 平らな　□ interview 動 ～と面接をする　□ a moment ago たった今
□ applicant 名 応募者　□ submit 動 ～を提出する　□ vacation 名 休暇

解答解説

056 **1. 正解：(B)**

Who wants more **coffee**?

(A) At the **café**.

(B) I'd like some.

(C) Five dollars.

誰がもっとコーヒーを飲みたいですか。

(A) カフェで。

(B) 私はいただきたいです。

(C) 5ドルです。

Whoのあとが動詞です。

---

057 **2. 正解：(A)**

Who's cleaning the room?

(A) Kate is.

(B) Yes, they're in the room.

(C) A flat screen.

誰がその部屋を掃除しているのですか。

(A) Kateです。

(B) はい、彼らは部屋にいます。

(C) フラットな画面です。

Whoのあとのbe ＋~ingの進行形は動詞として考えます。

---

058 **3. 正解：(C)**

Who did you **interview** a moment ago?

(A) An **internship** program.

(B) No, I didn't.

(C) One of our applicants.

たった今誰に面接をしていたのですか。

(A) インターンシッププログラムです。

(B) いいえ、していません。

(C) 応募者の一人です。

Who＋助動詞＋人＋動詞の原形で「誰に」です。

---

059 **4. 正解：(C)**

Who should I **submit** this sign-up **sheet** to?

(A) How many **sheets** do you have?

(B) I took a **subway**.

(C) Kelly is in charge of that.

この申込書は誰に提出すればよいですか。

(A) 用紙は何枚ありますか。

(B) 地下鉄を使いました。

(C) Kelly が担当していますよ。

Who＋助動詞＋人＋動詞の原形で「誰に」です。

---

060 **5. 正解：(B)**

Who is taking a **vacation** next month?

(A) A summer **holiday**.

(B) Let me check the company calendar.

(C) Yes, I've booked a ticket.

誰が来月休暇をとるのですか。

(A) 夏休みです。

(B) 会社のカレンダーを確認します。

(C) はい、チケットは予約してあります。

2.と同じ語順で「誰が」です。

STEP 4 ▶ 本番レベルの問題にチャレンジ

いよいよ本番と同じ問題です。

061 ～ 065

1. Mark your answer on your answer sheet.

2. Mark your answer on your answer sheet.

3. Mark your answer on your answer sheet.

4. Mark your answer on your answer sheet.

5. Mark your answer on your answer sheet.

HINT

□ projector 名 プロジェクター　□ while 接 ～の間　□ shift 名 シフト、勤務帯
□ charity 名 慈善

解答解説

1. 正解：(C)
061
Who's using the **projector**?
(A) Yes, I'm a **project** manager.
(B) Because the lens is broken.
(C) Paul is, for his presentation today.

誰がプロジェクターを使っているのですか。
(A) はい、私が企画責任者です。
(B) なぜならレンズが壊れているからです。
(C) Paulです。今日プレゼンがあるんです。

Whoのあとが進行形で「誰が」でした。素直に名前が出ている（C）が正解です。

---

2. 正解：(A)
062
Who is going to Jenny's **work** while she's on vacation?
(A) I'm taking her Friday shift.
(B) That **works** for us.
(C) Yes, she'll be gone until May third.

Jennyの休暇中は誰が代わりに仕事をしますか。
(A) 金曜日のシフトは私が入ります。
(B) 私たちはそれで間に合います。
(C) はい、彼女は5月3日まで不在になります。

Whoのあとは動詞で「誰が」。似た音、Yes/Noを切って解答します。

---

3. 正解：(B)
063
Who's ready for more **coffee**?
(A) How many **copies**?
(B) I'd love some.
(C) They'll be right back.

誰がコーヒーを飲みたいですか。
(A) 何部ですか。
(B) 私はいただきたいです。
(C) 彼らはすぐ戻ります。

Whoに対して、Iの応答が正解になるのは2.と同じです。（C）彼らが戻ることは応答になっていません。

---

4. 正解：(C)
064
Who did you call a **moment** ago?
(A) Just for a **moment**.
(B) My name is William Brown.
(C) One of my clients.

先程誰に電話を掛けたのですか。
(A) 少しお待ちください。
(B) 私の名前はWilliam Brownです。
(C) クライアントの一人です。

（B）は具体的な名前ですがcallのルアーです。

---

5. 正解：(C)
065
Who do I see about joining the charity **bike ride**?
(A) She went there by **bike**.
(B) No, the **road** was closed.
(C) Here's a sign-up sheet.

会社のチャリティーサイクリングについては誰に尋ねればよいですか。
(A) 彼女は自転車で行きました。
(B) いいえ、道路は閉鎖していました。
(C) 申込書はこちらです。

基本に忠実に「切る」を実践すれば、(C)の距離パターンもしっかり正解できます。

STAGE 06

疑問詞攻略Why

このStageのクリア条件 ▶▶ Whyの正解パターンがわかる

STEP 1-1 ▶ 問題形式と解答へのアプローチ

次の例題をやってみましょう。

▶例題

Q1. なぜ今日オフィスは閉まっているのですか。
(A) 5階建ての社屋です
(B) なぜなら空調設備の点検があるからです。
(C) Elkhorn通り沿いにあります。

Q2. なぜ今日あなたはバスで出社したのですか。
(A) 車をメンテナンスに出しているのです。
(B) Burleigh Headsで停まります 。
(C) おおよそ30分です。

Q3. なぜメールが送れないのでしょうか。
(A) 明日の4時までです
(B) はい、会社のほうへ送ってください。
(C) アドレスに誤りがあるかもしれません。

正解はそれぞれQ1. (B)、Q2. (A)、Q3. (C) です。宛先の確認が必要だったWhoに対し、**Whyの訳は「なぜ」一択**。例題の冒頭も全て「なぜ」で始まっています。さらには**応答の正解パターンも「なぜなら」「～するため」「～があるのです」とかなり限定されているのがWhyの特徴**です。日本語で練習しながらWhyと正解のパターンをセットで確認します。

STEP 1-2 ▶ 練習問題でウォーミングアップ

次の質問文に対して最も適切な応答を選んでください。

1. なぜ窓が閉まっているのですか。
(A) なぜなら少し寒いからです。
(B) 机と椅子の配置はこちらです。
(C) 鍵をかけてから退出してください。

2. なぜMikeは今日出社していないのですか。
(A) いいえ、明日は会議は予定されていません。
(B) 営業時間はウェブサイトに載っています。
(C) クライアント先の打ち合わせに参加するためです。

3. あなたはなぜ明日オフィスに早く行くのですか。
(A) たいていは車で通勤しています。
(B) その角を曲がって右手です。
(C) 明日の朝コピー機の納入があるのです。

4. なぜコンサートのチケットが購入できなかったのですか。
(A) コンサートホールは十分な広さがあります。
(B) オンラインシステムに問題があったのです。
(C) いかなる録画録音も禁止されています。

5. なぜスマートフォンを買い替えたのですか。
(A) 4色の中からお選びいただけます。
(B) カメラはこのボタンで起動します。
(C) より大きな容量のためです。

解答解説

1. 正解：(A)
なぜ窓が閉まっているのですか。
(A) なぜなら少し寒いからです。
英文：Because we're a little bit cold.

2. 正解：(C)
なぜMikeは今日出社していないのですか。
(C) クライアント先の打ち合わせに参加するためです。
英文：To join a meeting with his client.

3. 正解：(C)
あなたはなぜ明日オフィスに早く行くのですか。
(C) 明日の朝コピー機の設定があるのです。
英文：Because a photocopier will be set up tomorrow morning.

4. 正解：(B)
なぜコンサートのチケットが購入できなかったのですか。
(B) オンラインシステムに問題があったのです。
英文：There was a problem with an online system.

5. 正解：(C)
なぜスマートフォンを買い替えたのですか。
(C) より大きな容量のためです。
英文：For more storage.

攻略の鍵

Whyの応答パターンは4つ！

	文頭	例文
パターン 1	Because ~	Because we're a little bit cold. （なぜなら少し寒いからです）
パターン 2	To ~	To join a meeting with his client. （クライアント先の打ち合わせに参加するためです）
パターン 3	For ~	For more storage. （より大きな容量のためです）
パターン 4	There is/ are ~	There was a problem with an online system. （オンラインシステムに問題があったのです）

Why の文の応答は① Because ~、② To ~、③ For ~ が約半数で、それぞれ原因を述べる表現です。これに加えて、④ There is/are ~「～があるんです」が距離パターンの応答として間接的に原因を述べています。

したがって、「切り」のスタンスは貫きつつ、これら①～④の表現が出た瞬間に正解の有力候補として残しておくことが Why 攻略の最適解です。

さらに、以下の２点に注意します。

注意 1 ▶ 上記①～④が絶対に正解というわけではない

上記①～④が必ず正解の応答として出るわけではありません。
ただし、文頭でこれら①～④が出ればかなりの確度で正解になります。もちろん同時に他の選択肢を「切る」ことも実践してください。

注意 2 ▶「Why don't you ~? / Why don't we ~?」は理由を尋ねていない

これらは慣用句として「～してはいかがですか / ～しませんか」と提案する表現です。この２つは丸暗記してください。

STEP 2 ▶ 基礎問題で力試し

次の質問文→応答を (A) ○ (成立する) (B) × (成立しない) から選んでください (音声は流れません)。

1. Why is the museum closed today?
   → Because they have a special event.
   (A) ○　　(B) ×

2. Why did Kelly call me this morning?
   → To ask about your business trip.
   (A) ○　　(B) ×

3. Why was our proposal rejected?
   → No, it will be rainy tomorrow.
   (A) ○　　(B) ×

4. Why didn't you eat lunch?
   → Harry's café is near our office.
   (A) ○　　(B) ×

5. Why isn't this laptop working?
   → There is a problem with the battery.
   (A) ○　　(B) ×

6. Why are we changing our company logo?
   → Yes, we're going to challenge it.
   (A) ○　　(B) ×

7. Why don't we meet in the lobby at noon?
   → Sounds good.
   (A) ○　　(B) ×

8. Why did you order so many name tags?
   → Because we'll have interns next month.
   (A) ○　　(B) ×

9. Why don't you have some coffee?
   → Thank you, I'd love to.
   (A) ○　　(B) ×

10. Why are you organizing these tables?
    → For tomorrow's conference.
    (A) ○　　(B) ×

解答解説

1. **正解：(A) ○**
なぜ博物館は今日閉まっているのですか。
→特別なイベントがあるからです。
Because ~ はWhyの定番応答です。

6. **正解：(B) ×**
なぜ会社のロゴを変えるのですか。
→はい、それに挑戦します。
Why に Yes/No で答えているため×です。

---

2. **正解：(A) ○**
なぜKellyは今朝私に電話したのですか。
→出張について聞くためです。
To ~ も Why の応答として問題ありません。

7. **正解：(A) ○**
正午にロビーで会うのはどうですか。
→いいですね。
Why don't we ~ は提案です。○になります。

---

3. **正解：(B) ×**
なぜ私たちの提案は却下されたのですか。
→いいえ、明日は雨になります。
Why に Yes/No で答えているため×です。

8. **正解：(A) ○**
なぜそんなにたくさんのネームタグを注文したのですか。
→来月インターン生が来るからです。
安心してください。Because ~ ですよ。

---

4. **正解：(B) ×**
なぜ昼食をとらなかったのですか。
→ Harry's café はオフィスの近くです。
単純にルアーです。

9. **正解：(A) ○**
コーヒーをいかがですか。
→ありがとう、いただきます。
Why don't you ~ なので、提案しています。

---

5. **正解：(A) ○**
なぜパソコンが起動しないのですか。
→バッテリーに問題があるのです。
There is ~ も Why の応答候補でした。

10. **正解：(A) ○**
なぜテーブルを並べているのですか。
→明日の会合のためです。
For ~ は Why の応答候補になります。

STEP 3 ▶ 実践問題でレベルアップ

066 ～ 070

STEP 2で練習したWhyの応答パターンを意識して解答しましょう。

1. Mark your answer on your answer sheet.

2. Mark your answer on your answer sheet.

3. Mark your answer on your answer sheet.

4. Mark your answer on your answer sheet.

5. Mark your answer on your answer sheet.

HINT

□ vending machine 名 自動販売機　□ beverage 名 飲み物　□ inspection 名 検査
□ vice president 副社長　□ traffic jam 交通渋滞　□ attend 動 ～に参加する
□ improve 動 ～を改善する　□ attendee 名 参加者　□ grand opening 名 新装開店
□ ceremony 名 式典　□ electrical 形 電気の

解答解説

066 **1. 正解：(B)**

Why is the **window closed**?

(A) The store is **close** to the station.

(B) Because we're a little cold.

(C) I think Tom will **win** the game.

なぜ窓が閉まっているのですか。

(A) その店は駅に近いです。

(B) 少し寒いからです。

(C) Tomが試合に勝つと思います。

似た音を切ってBecause ~の (B) を残します。

---

067 **2. 正解：(C)**

Why is the vending machine **open**?

(A) I am your server.

(B) Yes, we have lots of beverages.

(C) For an inspection.

なぜ自動販売機が開いているのですか。

(A) 私があなたのサービス係です。

(B) はい、たくさんの飲み物があります。

(C) 検査のためです。

(A) は理由を答えてないのでNG、(B) はYesで切って (C) For ~を残します。

---

068 **3. 正解：(A)**

Why hasn't the **vice** president **come** yet?

(A) Because of a traffic jam.

(B) At **one p.m.**

(C) Here's her **advice**.

なぜ副社長がまだ到着していないのですか。

(A) 交通渋滞のためです。

(B) 午後1時です。

(C) これが彼女のアドバイスです。

Why→Becauseはまず確実に正解になります。

---

069 **4. 正解：(A)**

Why did you **attend** the **workshop**?

(A) To improve my presentation skills.

(B) The **shop** will close next month.

(C) About forty **attendees**.

なぜその研修に参加したのですか。

(A) プレゼンのスキルを磨くためです。

(B) その店は来月閉店します。

(C) 約40名の参加者です。

似た音を切った上で (A) To～を残します。

---

070 **5. 正解：(A)**

Why was the grand **opening** ceremony canceled?

(A) There was an electrical problem in the hall.

(B) Mr. Taylor will give a speech.

(C) Yes, we're **open** until eight p.m.

なぜ新装開店の式典は中止されたのですか。

(A) ホールに電気系統の問題があったのです。

(B) Taylorさんがスピーチをします。

(C) はい、午後8時まで開いています。

ルアーの (B)、似た音の (C) を切って (A) There was ~が正解になります。

STEP 4 ▶ 本番レベルの問題にチャレンジ

いよいよ本番と同じ問題です。

071 ～ 075

1. Mark your answer on your answer sheet.

2. Mark your answer on your answer sheet.

3. Mark your answer on your answer sheet.

4. Mark your answer on your answer sheet.

5. Mark your answer on your answer sheet.

HINT

☐ business hours 名 営業時間　☐ windy 形 風の強い
☐ direction 名（通常、複数形で）行き方、道順　☐ prefer 動 ～をより好む
☐ complete 動 ～を完了する　☐ permit 名 許可　☐ application 名 申請
☐ reject 動 ～を却下する　☐ arrange 動 ～の手はずを整える
☐ apply for ~　～に申し込む、～を申請する　☐ paperwork 名 事務書類、必要書類

解答解説

1. **正解：(C)**

071 Why is this **window** open?

(A) I'll check their business hours.

(B) Yesterday was **windy**, too.

(C) Because we were a little hot.

なぜ窓が開いているのですか。

(A) 営業時間を確認します。

(B) 昨日も強風でした。

(C) 少し暑かったからです。

Why→Because ~は正解の定番です。

---

2. **正解：(A)**

072 Why did you call me earlier?

(A) To get directions to the client's office.

(B) I'd prefer a later reservation.

(C) The project was completed on time.

さっきはなぜ私に電話をくれたんですか。

(A) クライアントのオフィスへの行き方を聞くためです。

(B) 遅い時間の予約がいいです。

(C) プロジェクトは時間どおりに終了しました。

Why→To~はBecauseに次ぐ正解の定番です。

---

3. **正解：(C)**

073 Why isn't Melinda on the **schedule next** week?

(A) Her flight was **scheduled** to leave at nine.

(B) Actually, I think Ms. Tremaine is **next**.

(C) Because she'll be training at the Brixton branch then.

Melindaはなぜ来週予定表に入っていないのですか。

(A) 彼女のフライトは9時発でした。

(B) 私はTremaineが次だと思います。

(C) なぜならBrixton支社で研修があるからです。

これもBecause ~が正解です。

---

4. **正解：(B)**

074 Why is the elevator out of **service**?

(A) By the escalators.

(B) For a routine inspection.

(C) The **service** has improved.

なぜエレベーターは停止中なのですか。

(A) エスカレーターの近くです。

(B) 定期検査のためです。

(C) サービスが改善されました。

Whyの質問にForで応答していたらまず正解です。

---

5. **正解：(C)**

075 Why was our permit **application** rejected?

(A) Ms. Seely is arranging the interviews.

(B) Yes, I will **apply** for a visa.

(C) There was a problem with the paperwork.

なぜ私たちの許可申請は却下されたのですか。

(A) Seelyさんが面接の段取りをしています。

(B) はい、私はビザを申請する予定です。

(C) 書類に不備があったのです。

There was ~は正解になり得ます。

STAGE 07

疑問詞攻略Which

このStageのクリア条件 ▶▶ Whichの応答パターンがわかる

STEP 1-1 ▶ 問題形式と解答へのアプローチ

次の例題をやってみましょう

▶例題

Q1. 説明書のどのページを確認すればよいですか。
(A) 保証は3年間です。
(B) 最新のモデルです。
(C) 23ページです。

Q2. 冷蔵庫にあるどの飲み物が一番人気ですか。
(A) 青いラベルのエナジードリンクです。
(B) イチゴ味のチョコレートです。
(C) 今週末まで割引中です。

正解はQ1. (C)、Q2. (A) です。それぞれ質問文を英語にしてみましょう。
Q1. Which page should I check in the manual?
Q2. Which of the beverages in the fridge is the most popular?

ここまでの流れで、あなたはもしかしたらこう思うかもしれません。「なるほどね、Whatみたいに後ろに名詞が来るかそうじゃないか、パターンを見抜こうぜってことね」と。そうだとしたら素晴らしすぎます。が、実は**Whichの質問文パターンはほぼ「Which＋名詞」で出題されます。**既刊の公式問題集(IIBC刊行の公式問題集新形式対応編及び1～9）でも、Whichの出題のうちWhich＋名詞以外での出題例は1回しかありません。したがって、Whichの攻略はWhich＋名詞での出題をイメージしつつ、その応答パターンをしっかり把握することにあります。

STEP 1-2 ▶ 練習問題でウォーミングアップ

次の質問文に対して最も適切な応答を選んでください。

1. 販売部はどちらの階にありますか。
(A) 四半期の売上報告です。
(B) 3階です。
(C) Bevan氏がセールスマネージャーです。

2. 植物園へはどちらの線を使えばよいですか。
(A) West線に乗ってください。
(B) 今日は休園です。
(C) 大人一人につき10ドルです。

3. どちらの店がセールをしていますか。
(A) 十分な駐車スペースがあると聞いています。
(B) 主に洋服と靴です。
(C) Tailor Nozakiが特価商品を提供しています。

4. オフィスの改装にどちらの業者を選んだのですか。
(A) 机と椅子を20セット注文しました。
(B) 実は改装は見送ることにしたのです。
(C) 部屋に入る前に認証コードが必要です。

5. ここのデジタルカメラは、どれが最新のものですか。
(A) 風景写真です。
(B) 最前列のものです。
(C) 試し撮りをしたい場合はお声がけください。

解答解説

1. 正解：(B)
販売部はどちらの階にありますか。
英文：Which floor is the sales department?
(B) 3階です。

2. 正解：(A)
植物園へはどちらの線を使えばよいですか。
英文：Which line is for the botanical garden?
(A) West線に乗ってください。

3. 正解：(C)
どちらの店がセールをしていますか。
英文：Which store is having a sale?
(C) Tailor Nozakiが特価商品を提供しています。

4. 正解：(B)
オフィスの改装にどちらの業者を選んだのですか。
英文：Which contractor did you choose for the renovation of your office?
(B) 実は改装は見送ることにしたのです。

5. 正解：(B)
ここのデジタルカメラのうち、どれが最新の機種ですか。
英文：Which of these digital cameras is the latest model?
(B) 最前列のものです。

Whichの出題の9割はWhich＋名詞のパターン！

Which は約 9 割 Which ＋名詞で出題されます。

	形式	例文
	Which ＋名詞 「どの名詞が」	Which floor is the sales department? （販売部はどちらの階にありますか）

応答は 1,2 パターンが半々です。

	形式	例文
パターン 1	素直な応答	Which line is for the botanical garden? → **You can take the West one.** （植物園へはどちらの線を使えばよいですか。 → West 線に乗ってください）
パターン 2	距離	Which contractor did you choose for the renovation of your office? → Actually, we canceled the renovation. （オフィスの改装にどちらの業者を選んだのですか。 →実は改装は見送ることにしたのです）

注意 1 ▶ 代名詞の one

素直な応答の場合は代名詞が使われることが多いです。ここでは one だけ把握しておきましょう。Which bike is yours?（どちらがあなたの自転車ですか）→ The red one.（赤い方です）といったように、繰り返しを避けるために使われます。

注意 2 ▶ Which of ＋名詞

約 1 割ですが、Which of ＋名詞「名詞のうちどちらが」の形でも出題されます。
例 Which of these digital cameras is the latest model?
（ここのデジタルカメラのうち、どれが最新の機種ですか）

STEP 2 ▶ 基礎問題で力試し

次の質問文→応答を（A）○（成立する）（B）×（成立しない）から選んでください（音声は流れません）。

1. Which key is yours?
→ The bigger one.
(A) ○　　(B) ×

2. Which restaurant do you prefer for lunch?
→ I brought sandwiches.
(A) ○　　(B) ×

3. Which department does Amanda work in?
→ Yes, she is my colleague.
(A) ○　　(B) ×

4. Which art class are you talking?
→ The gallery is near here.
(A) ○　　(B) ×

5. Which of these seminars is the most popular?
→ You can ask Michael.
(A) ○　　(B) ×

6. Which parking lot is closed today?
→ A rent a car service.
(A) ○　　(B) ×

7. Which floor has the largest room?
→ Here's a floor map.
(A) ○　　(B) ×

8. Which store is having a sale?
→ Susan is our sales clerk.
(A) ○　　(B) ×

9. Which file do you need?
→ The blue one, thanks.
(A) ○　　(B) ×

10. Which printer is out of order?
→ I'll check them right now.
(A) ○　　(B) ×

解答解説

1. 正解：(A) ○
どちらの鍵があなたのものですか。
→大きい方です。
素直なパターンです。代名詞のoneを使って応答しています。

---

2. 正解：(A) ○
昼食にはどちらのレストランがいいですか。
→サンドイッチを持ってきています。
距離として「あり」な応答です。

---

3. 正解：(B) ×
Amandaはどの部署で働いていますか。
→はい、彼女は私たちの同僚です。
WhichにYes/Noで答えているため×です。

---

4. 正解：(B) ×
どの絵画教室に参加しますか。
→ その画廊はここの近くです。
絵画に対して画廊がルアーになっています。

---

5. 正解：(A) ○
このセミナーのうち、どれが一番人気ですか。
→Michaelに聞いてみてください。
これも距離の応答として正解になります。

---

6. 正解：(B) ×
どの駐車場が今日閉まっているのですか。
→レンタカーのサービスです。
車のルアーです。

---

7. 正解：(A) ○
どの階に一番大きな部屋がありますか。
→こちらがフロアマップになります。
図で確認できます、ということで○です。

---

8. 正解：(B) ×
どの店がセールをしていますか。
→Susanは弊社販売係です。
sale/salesの似た音で切ります。

---

9. 正解：(A) ○
どのファイルが必要ですか。
→青いのです、ありがとう。
素直に正解が出ています。1.と同様に代名詞のoneが使われています。

---

10. 正解：(A) ○
どのプリンターが故障中ですか。
→ すぐ確認してみます。
距離の正解パターンです。

STEP 3 ▶ 実践問題でレベルアップ

STEP 2 で練習した応答のパターンを意識して解答しましょう。

076 ～ 080

1. Mark your answer on your answer sheet.

2. Mark your answer on your answer sheet.

3. Mark your answer on your answer sheet.

4. Mark your answer on your answer sheet.

5. Mark your answer on your answer sheet.

HINT

□ latest 形 最新の　□ conference 名 会議、会合　□ fill in ~ ～に記入する
□ accounting department 名 経理部

解答解説

076 **1.** **正解：(A)**

Which <u>smartphone</u> are you going to get?

(A) The latest one.

(B) There are lots of <u>apps</u>.

(C) Yes, they're all available.

どのスマートフォンを買うつもりですか。

(A) 最新のものです。

(B) たくさんのアプリケーションがあります。

(C) はい、全て購入可能です。

素直な (A) が正解です。

---

077 **2.** **正解：(B)**

Which <u>meeting room</u> are we going to use?

(A) OK, I'll be there.

(B) We're doing it online today.

(C) An informative <u>conference</u>.

どの会議室を使いましょうか。

(A) わかりました、伺います。

(B) 今日はオンラインで行います。

(C) 有益な会議です。

会議室の場所がオンラインはよく出題されるやりとりです。

---

078 **3.** **正解：(B)**

Which part of this **paperwork** should I fill in?

(A) Sure, you can use this pen.

(B) Can I see the sheet?

(C) I ordered a box of **paper**.

この書類のうち、どれに記入すればよいですか。

(A) もちろんです、このペンを使ってください。

(B) 用紙を見てもいいですか。

(C) 紙を一箱注文しました。

距離の聞き返しパターンです。

---

079 **4.** **正解：(C)**

Which **floor** is the **accounting department** on?

(A) Let me **count** them.

(B) A **departure** will be soon.

(C) The third **floor**.

経理部は何階ですか。

(A) それを数えてみます。

(B) 出発はもうすぐです。

(C) 3階です。

(C) floorのように全く同じ音の場合は正解の可能性があります（P. 95のパターン2参照）。

---

080 **5.** **正解：(A)**

Which store does Kevin work at?

(A) Why don't you ask him?

(B) The hotel is near the station.

(C) From Monday to Friday.

Kevinはどちらの店で働いていますか。

(A) 彼に聞いてはどうですか。

(B) そのホテルは駅の近くです。

(C) 月曜から金曜までです。

Why don't you ~? を覚えていたら、Good job!

STEP 4 ▶ 本番レベルの問題にチャレンジ

いよいよ本番と同じ問題です。

081 〜 085

1. Mark your answer on your answer sheet.

2. Mark your answer on your answer sheet.

3. Mark your answer on your answer sheet.

4. Mark your answer on your answer sheet.

5. Mark your answer on your answer sheet.

HINT

□ session 名 研修、集まり　□ dessert 名 デザート　□ deserve 動 〜に値する、ふさわしい
□ raise 名 賃上げ、昇給　□ push back　（会議の日時など）を遅くする
□ rate 名 料金、割合　□ transfer 名 異動　□ informative 形 有益な

解答解説

081 **1. 正解：(B)**

Which training session are you attending?

(A) Let's go by bus.

(B) The afternoon workshop.

(C) Sure, you can take it.

どちらの研修会に参加するのですか。

(A) バスで行きましょう。

(B) 午後のワークショップです。

(C) もちろんです、お取りください。

training session を workshop で言い換えています。

---

082 **2. 正解：(C)**

Which **dessert** are you going to **order**?

(A) They **deserve** a raise.

(B) My **order** was late.

(C) I'm pretty full, actually.

どちらのデザートを注文しますか。

(A) 彼らは賃上げされてしかるべきです。

(B) 私の注文は遅れています。

(C) 実は結構お腹がいっぱいです。

音で切ることが試される問題です。

---

083 **3. 正解：(C)**

Which of these **smart**phones is the **latest** model?

(A) The **start** time was pushed back.

(B) The **rate** was just updated.

(C) The biggest one.

この中でどのスマートフォンが最新の機種ですか。

(A) 開始時間を後ろにずらしました。

(B) 料金がちょうど改定されたのです。

(C) 一番大きいものです。

Which→oneは要チェックです。ここではsmartphone をoneで言いかえています。

---

084 **4. 正解：(A)**

Which office does Carl **work** in?

(A) The one in the corner.

(B) Yes, I saw him yesterday.

(C) **Work** starts from nine in the morning.

Carl はどちらのオフィスに勤務していますか。

(A) 角のオフィスですよ。

(B) はい、昨日彼に会いました。

(C) 仕事は9時から始まります。

またoneです！

---

085 **5. 正解：(C)**

Which form do we use for **sales** reports?

(A) The **sale** lasts till Sunday.

(B) I found it very informative.

(C) You'd better ask Cheryl.

売上報告にはどちらの用紙を使いますか。

(A) セールは日曜日まで続きます。

(B) とても有益だと思いました。

(C) Cherylに聞くべきですよ。

(C) 距離の応答でした。できていましたか？

疑問詞攻略How
STAGE
08
このStageのクリア条件
▸▸ Howの頻出パターンがわかる

STEP 1-1 ▶ 問題形式と解答へのアプローチ

次の例題をやってみましょう。

▶例題　Q1. この映画はどのくらいの長さですか。
(A) 映画館は約200名収容できます。
(B) 有名な俳優です。
(C) 2時間です。

Q2. 休暇はいかがでしたか。
(A) カリフォルニア州です
(B) とてもリフレッシュできました。
(C) スーツケースは合計4つです。

正解はQ1. (C)、Q2. (B) です。質問文を英語にすると次のようになります。

Q1. How long is the movie?
Q2. How was your vacation?

Howの後ろに注目すると2通りになっています。前STAGEでは「質問文パターンはほぼWhich＋名詞で出題」と言い切ることができましたが、Howはそうはいきません。公式問題集だけでも約10パターンが出題されています。**その中でも頻出の4パターンを理解することが重要になります。**まずは練習問題でHowの後ろに何が来るか、どう訳が変わるかを確認しましょう。

STEP 1-2 ▶ 練習問題でウォーミングアップ

次の下線部が何を聞いているか選んでください。

1. How long is your vacation?
   (A) いくつ・何人　(B) どのくらいの長さ　(C) どうですか

2. How many employees attend the conference?
   (A) いくつ・何人　(B) どうやって　(C) どうですか

3. How often do you buy glasses?
   (A) どうやって　(B) どのくらいの頻度で　(C) どうですか

4. How was the seminar?
   (A) いくつ・何人　(B) どのくらいの長さ　(C) どうですか

5. How will you get to the hotel?
   (A) どうですか　(B) いくつ・何人　(C) どうやって

解答解説

1. **正解：(B) どのくらいの長さ**

How long is your vacation?
あなたの休暇はどれくらいの長さですか。

2. **正解：(A) いくつ・何人**

How many employees attend the conference?
何人の従業員がその集会に参加しますか。

3. **正解：(B) どのくらいの頻度で**

How often do you buy glasses?
どのくらいの頻度で眼鏡を買いますか。

4. **正解：(C) どうですか**

How was the seminar?
セミナーはどうでしたか。

5. **正解：(C) どうやって**

How will you get to the hotel?
ホテルへはどうやって行きますか。

Howの質問文は4パターンを押さえる！

How の質問文のうち、トップ4パターンをまとめます。

	形式	例文（前ページ例題を英語にしたものです）
パターン 1	How ＋助動詞＋人 ~? 「どのように / どうやって」	How will you get to the hotel? 方法や手段を尋ねるパターンです。
パターン 2	How long ~? 「どれくらいの期間」	How long is your vacation? 期間を尋ねます。
パターン 3	How many ~? 「いくつ・何人」	How many employees attend the conference? 数を尋ねます。後ろは複数名詞です。
パターン 4	How is ~? 「どうですか」	How was the seminar? 様子を聞く表現です。

ほかに覚えておくべきは How often ~ ?（どのくらいの頻度で）/ How much ~ ?（いくら）ですが、上記に比べ頻度は下がります。

注意 1 ▶「How long は期間」

How long はまず「期間」と考えてください。TOEIC で「距離」を尋ねるパターンはまれです。距離の場合は How far が使われます。

注意 2 ▶「How do you like ~?」

How is/was ~ ? に似たパターンとして How do/did you like ~ ? があります。「～はいかがですか」とそのまま覚えてください。

注意 3 ▶「How about ~?」

「～してはどうですか」となり、Why don't you ~? と似た表現です。期間や手段を尋ねているのではなく、提案していると考えてください。

STAGE 08

STEP 2 ▶ 基礎問題で力試し

次のHowの意味を（A）～（C）から選んでください（音声は流れません）。

1. How was the concert?
(A) いくつ・何人
(B) どうですか
(C) どうやって

2. How can I enter the building?
(A) どれくらいの長さ
(B) どうですか
(C) どうやって

3. How often do you go to the library?
(A) どのくらいの頻度で
(B) どのくらいの長さ
(C) いくつ・何人

4. How much are the movie tickets?
(A) いくつ・何人
(B) どのくらいの頻度で
(C) いくら

5. How long does the battery last?
(A) どのくらいの頻度で
(B) どのくらいの長さ
(C) いくつ・何人

6. How many books can I borrow in this library?
(A) いくつ・何人
(B) どのくらいの頻度で
(C) いくら

7. How did you find this mistake?
(A) いくつ・何人
(B) どうですか
(C) どうやって

8. How long will the museum tour take?
(A) どのくらいの頻度で
(B) どのくらいの長さ
(C) いくつ・何人

9. How about having a break now?
(A) いくつ・何人
(B) どうやって
(C) ～してはどうですか

10. How is the weather this afternoon?
(A) どれくらいの長さ
(B) どうですか
(C) どうやって

解答解説

1. 正解：(B) どうですか
コンサートはどうでしたか。
be動詞がwas（過去形）なので「どうでしたか」と過去の訳になります。

2. 正解：(C) どうやって
どうやってその建物に入るのですか。
How＋助動詞＋人～？のパターンです。

3. 正解：(A) どのくらいの頻度で
どのくらいの頻度で図書館に行くのですか。
long, manyに次いで覚えておきたいoftenです。

4. 正解：(C) いくら
映画の鑑賞券はいくらですか。
公式問題集でHow muchの出題例はこれまで1回のみです。

5. 正解：(B) どのくらいの長さ
バッテリーはどのくらい持ちますか。
lastは動詞で「～が続く、持ちこたえる」という意味があります。

6. 正解：(A) いくつ・何人
この図書館では何冊本が借りられますか。
How manyの後ろがbooksなので「何冊」という訳になります。

7. 正解：(C) どうやって
どうやってこの間違いを見つけたのですか。
How＋助動詞＋人～？の形でした。

8. 正解：(B) どのくらいの長さ
博物館のツアーはどれくらいかかりますか。
ツアー時間の長さを尋ねています。

9. 正解：(C) ～してはどうですか
今、ここで休憩してはどうですか。
How about ~?が出たら即「～してはどうですか」と考えてください。

10. 正解：(B) どうですか
午後の天気はどうですか。
例えばHow will the weather beと助動詞が入りこんできても、意味は同じく「どうですか」です。

STEP 3 ▶ 実践問題でレベルアップ

Howの意味に気をつけて解答しましょう。

086 〜 090

1. Mark your answer on your answer sheet.

2. Mark your answer on your answer sheet.

3. Mark your answer on your answer sheet.

4. Mark your answer on your answer sheet.

5. Mark your answer on your answer sheet.

HINT

□ reserve 動 〜を予約する　□ terminal 形 終着の　□ meal 名 食事
□ accept 動 〜を受け取る、(クレジットカードなどの使用) を認める
□ absolutely 副 完全に、間違いなく　□ free of charge 無料で　□ filter 名 フィルター
□ return ticket 名 往復券

解答解説

1. **正解：(B)** 086

How many **tables** did we reserve?
(A) A reasonable lunch.
(B) I booked ten.
(C) Sure, you can use this **tablet**.

何席予約しているのですか。
(A) お手頃なランチです。
(B) 10卓です。
(C) もちろんこのタブレットを使えます。
How manyの質問に素直な数で応答しています。

---

2. **正解：(A)** 087

How long is the **training** session?
(A) About an hour.
(B) Yes, it was very informative.
(C) I came here by **train**.

研修はどれくらいの長さですか。
(A) 約1時間です。
(B) ええ、とても有益な内容でした。
(C) 電車でこちらへ来ました。
こちらも素直に長さでの応答でした。

---

3. **正解：(A)** 088

How often does the train stop here?
(A) You'd better check the timetable.
(B) It's a one-day pass.
(C) A terminal station.

電車はどのくらいの頻度でここに止まりますか。
(A) 時刻表を確認するといいですよ。
(B) 一日乗車券です。
(C) 終点です。
距離パターンでの応答です。

---

4. **正解：(A)** 089

How should I pay for my meal?
(A) We accept cash or credit card.
(B) They're absolutely free of charge.
(C) The coffee filters are out of stock.

食事代はどのように払えばよいですか。
(A) 現金かクレジットカードで承ります。
(B) それは間違いなく無料です。
(C) コーヒー用のフィルターが欠品しています。
支払い方法を伝えている (A) が正解です。

---

5. **正解：(B)** 090

How was your business trip to Paris?
(A) Paul can speak French well.
(B) It's scheduled for next week.
(C) I purchased a return ticket.

パリ出張はいかがでしたか。
(A) Paulは上手にフランス語を話せます。
(B) 来週に予定されているんです。
(C) 往復券を購入しました。
距離パターンでの応答です。まだ出張に行っていないことを伝えています。

STEP 4 ▶ 本番レベルの問題にチャレンジ

いよいよ本番と同じ問題です。

091 ～ 095

1. Mark your answer on your answer sheet.

2. Mark your answer on your answer sheet.

3. Mark your answer on your answer sheet.

4. Mark your answer on your answer sheet.

5. Mark your answer on your answer sheet.

HINT

□ performance 名 公演、上演　□ express 形 急ぎの　□ alphabetical 形 アルファベット順の
□ as usual いつもどおりに　□ exchange 名 交換、両替

解答解説

091
1. 正解：(C)
How long is the performance?
(A) Three or four business days.
(B) Here's your ticket.
(C) Almost two hours.

公演はどのくらいの長さですか。
(A) 3,4営業日です。
(B) こちらがあなたのチケットです。
(C) 2時間ほどです。
長さ→(C) 2時間と自信を持って選んでください。

092
2. 正解：(C)
How many boxes of copy paper did we **order**?
(A) By express delivery.
(B) In alphabetical **order**.
(C) Just one, as usual.

コピー用紙は何箱注文しましたか。
(A) 宅配便で。
(B) アルファベット順で。
(C) いつものように1箱です。
数→素直な数字oneを選びます。

093
3. 正解：(B)
How was the music festival?
(A) From Friday to Sunday.
(B) Oh, we didn't go this year.
(C) A friend of mine told me about it.

音楽のフェスティバルはいかがでしたか。
(A) 金曜日から日曜日までです。
(B) ああ、今年は行っていないんです。
(C) 友人が伝えてくれたのです。
すこし距離のある解答です。もちろん「最高だった」等の応答も正解として出ます。

094
4. 正解：(A)
How often are these filters **changed**?
(A) Twice a year.
(B) Yes, it was **challenging**.
(C) Check the **exchange** rate.

これらフィルターはどのくらいの頻度で変えますか。
(A) 年に2回です。
(B) はい、それはやりがいがありました。
(C) 両替レートを確認してください。
似た音をしっかり切ることができたかが試されています。

095
5. 正解：(C)
How would you like to pay for your meal?
(A) Yes, it was absolutely delicious.
(B) A choice of salad.
(C) Please charge it to my room.

お食事はどのようにお支払いされますか。
(A) ええ、間違いなく美味しかったです。
(B) サラダのチョイスです。
(C) 部屋へつけておいてください。
Yes/Noで(A)を、ルアーで(B)を切って解答します。

STAGE 09 総合演習 1

このStageのクリア条件 ▶▶「切り」の精度を上げる

STEP 1-1 ▶ 問題形式と解答へのアプローチ

次の例題をやってみましょう。

▶例題

Q1. What time does the restaurant close?
(A) A vegetarian menu.
(B) It's close to our office.
(C) At nine o'clock.

Q2. Who called me this morning?
(A) Mr. Washington in the sales department.
(B) A new smartphone.
(C) I was having an interview.

Q3. When will your paperwork be ready?
(A) He's arrived there already.
(B) Sign the form at the bottom.
(C) On May 3rd.

正解はQ1. (C)、Q2. (A)、Q3. (C) です。ここまで学んできたあなたなら、正解は難なく選べたはずです。音声での出題であっても、全て正解してほしい問題です。その上でここで要求したい内容は、**選択肢を「切る」際に根拠を持って切ることができたか**、です。STEP 3,4の解説ではそれぞれ「似た音」「ルアー」として解説内に表記していましたが、それをプレイヤーであるあなた自身で見つけてほしいと思います。早速やってみましょう。

STEP 1-2 ▶ 練習問題でウォーミングアップ

次の選択肢の不正解の理由として「似た音」「ルアー」のどちらになるのかを選択してください。

1. What time does the restaurant close?
→ A vegetarian menu.
(A) 似た音
(B) ルアー

2. What time does the restaurant close?
→ It's close to our office.
(A) 似た音
(B) ルアー

3. Who called me this morning?
→ A new smartphone.
(A) 似た音
(B) ルアー

4. When will your paperwork be ready?
→ He's already arrived there.
(A) 似た音
(B) ルアー

5. When will your paperwork be ready?
→ Sign the form at the bottom.
(A) 似た音
(B) ルアー

解答解説

1. 正解：(B) ルアー

What time does the restaurant close?

→ A vegetarian menu.

そのレストランは何時に閉まりますか。

→ 菜食のメニューです。

restaurant → vegetarian menuで引っ掛けています。

2. 正解：(A) 似た音

What time does the restaurant **close**?

→ It's **close** to our office.

そのレストランは何時に閉まりますか。

→ 弊社の近くにあります。

closeの似た音で引っ掛けています。

3. 正解：(B) ルアー

Who called me this morning?

→ A new smartphone.

誰が今朝私に電話したのですか。

→ 新しいスマートフォンです。

calledのルアーとしてsmartphoneが出ています。

4. 正解：(A) 似た音

When will your paperwork be **ready**?

→ He's **already** arrived there.

いつ書類の準備が完了しますか。

→ 彼はすでにそこへ到着しています。

readyの似た音でalreadyが出ています。

5. 正解：(B) ルアー

When will your paperwork be ready?

→ Sign the form at the bottom.

いつ書類の準備は完了しますか。

→ その書式の下の欄に署名してください。

paperworkとSignが引っ掛けです。

攻略の鍵

「切る」作法

	切り方	例文
パターン 1	似た音 **ほぼ 100% 切る**	When will your paperwork be **ready**? → He's **already** arrived there. (いつ書類の準備は完了しますか。 →彼はもうそこに到着しています) **単語の一部が同じである場合も似た音として切りの候補になります。**
パターン 2	同じ音 **基本は切る※**	Could you **check** our reservation? → He'll **check** out tomorrow. (私たちの予約を確認していただけますか →彼は明日チェックアウトします) **同じ音は基本的に引っ掛けです。**
パターン 3	ルアー **聞き取りやすい音こそルアーの温床**	Who called me this morning? → A new smartphone. (誰が今朝私に電話したのですか。 →新しいスマートフォンです) **call や smartphone は日本語でもよく聞かれる聞き取りやすい語です。**

※正解になる出題例もあります。
Which **floor** is the copier on? → On the ground **floor**.
(コピー機は何階にありますか。→ 1階にあります)

「切る」姿勢として大前提にあるのが質問文をできる限り聞き取る、ということです。そんなことは難しいと感じる人もいるかもしれませんが、ここまで読み進められたあなたなら、十分に聞き取る力が備わっているはずです。その上で、問題作成者は私たちを「引っ掛けようとして」作問しています。ということは、そもそも聞き取れないような語は引っ掛けにならないわけです。

裏を返せば「お､聞き取れたぞ」と感じたところは慎重になる必要があります。そこに「同じ音」「ルアー」が仕掛けられている可能性が高いからです。

STEP 2 ▶ 基礎問題で力試し

次の選択肢の不正解の理由として「似た音」「ルアー」のどちらになるのかを選択してください。

1. What business does Mr. Tyler run?
→ We're concerned about its running cost.
(A) 似た音
(B) ルアー

2. What topic should we discuss in the workshop?
→ A marketing strategy.
(A) 似た音
(B) ルアー

3. Where can I catch a taxi near here?
→ The tax rate has increased.
(A) 似た音
(B) ルアー

4. Why is the concert hall closed today?
→ Check the board in the hallway.
(A) 似た音
(B) ルアー

5. Who is giving a presentation at today's meeting?
→ The slide number ten.
(A) 似た音
(B) ルアー

6. When did you last check our office supplies?
→ A dozen light bulbs.
(A) 似た音
(B) ルアー

7. How many microphones do you need?
→ Please put off your headphones here.
(A) 似た音
(B) ルアー

8. How long will the sale last?
→ All of the products are thirty percent off now.
(A) 似た音
(B) ルアー

9. How was the internship program?
→ On the Internet.
(A) 似た音
(B) ルアー

10. Who's in charge of the company award ceremony?
→ Congratulations.
(A) 似た音
(B) ルアー

解答解説

1. **正解：(A) 似た音**
Tylerさんはどんなビジネスを経営していますか。
→ 私たちは維持費を懸念しています。
run と runningが似た音です。

2. **正解：(B) ルアー**
ワークショップではどんな話題について話し合うべきでしょうか。
→ 販売戦略です。
topic と strategyがルアーです。

3. **正解：(A) 似た音**
この付近だとどこでタクシーが拾えますか。
→税率が上がりました。
taxi と taxが似た音です。

4. **正解：(A) 似た音**
コンサートホールはなぜ今日閉まっているのですか。
→玄関の掲示板を確認してください。
hall と hallwayが似た音です。

5. **正解：(B) ルアー**
今日の会議で誰がプレゼンするのですか。
→スライド番号10です。
presentation と slideがルアーです。

6. **正解：(B) ルアー**
オフィス備品を最後に確認したのはいつですか。
→ 電球1ダースです。
office supplies と light bulbsがルアーです。

7. **正解：(A) 似た音**
マイクは何本必要ですか。
→ここではヘッドホンを外してください。
microphones と headphonesが似た音です。

8. **正解：(B) ルアー**
セールはどのくらい続きますか。
→商品はすべて今30%オフです。
sale と thirty percent off がルアーです。

9. **正解：(A) 似た音**
インターンシッププログラムはどうでしたか。
→インターネットで。
internship と Internetが似た音です。

10. **正解：(B) ルアー**
誰が会社の授与式の担当ですか。
→ おめでとうございます。
award と congratulationsがルアーです。

STAGE 09

STEP 3 ▶ 実践問題でレベルアップ

不正解のパターンを意識して解答しましょう。

096 〜 100

1. Mark your answer on your answer sheet.

2. Mark your answer on your answer sheet.

3. Mark your answer on your answer sheet.

4. Mark your answer on your answer sheet.

5. Mark your answer on your answer sheet.

HINT

□ deadline 名 締め切り　□ application 名 申請　□ reception 名 受付
□ receptionist 名 受付係　□ convention 名 大会、集会　□ venue 名 会場

解答解説

096 **1. 正解：(C)**

What **information** does John want?

(A) There's some tourist **information**.

(B) No, we didn't attend the party.

(C) The serial code of the printer.

Johnはどんな情報を求めていますか。

(A) ツーリストインフォメーションがあります。

(B) いいえ、そのパーティーには参加していません。

(C) プリンターのシリアルコードです。

(A) 同じ音で不正解のパターンでした。

---

097 **2. 正解：(A)**

When **will** the clients visit our office?

(A) On September 27th.

(B) They'**ll** come from Germany.

(C) Yes, the deadline is tomorrow.

クライアントはいつ弊社へ来るのですか。

(A) 9月27日です。

(B) ドイツから来ます。

(C) はい、締め切りは明日です。

(B) 同じwillだからと食いつかないことも重要です。

---

098 **3. 正解：(B)**

Who will keep these **application forms**?

(A) Andrew is one of the **applicants.**

(B) Someone in this department.

(C) Do you know the **performer**?

誰がこの申請書類を保管しますか。

(A) Andrewは応募者の一人です。

(B) この課の誰かです。

(C) その演者を知っているのですか。

(B) を保留にし、(C) を切ればバッチリです。

---

099 **4. 正解：(C)**

Where can I find the **reception**?

(A) Susan is a **receptionist**.

(B) Welcome to the 10th anniversary party.

(C) Follow me, I'll show you.

受付はどこですか？

(A) Susanが受付係です。

(B) ようこそ10周年パーティーへ。

(C) ついてきてください。ご案内します。

(B) パーティーは引っ掛けフラグの立ちやすい語です。

---

100 **5. 正解：(B)**

Why has the **convention venue** been changed?

(A) Alan replaced the desks.

(B) Because the **venue** was too small.

(C) A shuttle bus is available.

なぜ大会の場所が変更になったのですか。

(A) Alanが机を交換しました。

(B) なぜなら会場が狭すぎたからです。

(C) シャトルバスが出ています。

(B) はvenueが同じ音ですが、Why→Becauseなので自信を持って解答できるはずです。

STEP 4 ▶ 本番レベルの問題にチャレンジ

いよいよ本番と同じ問題です。

🔊 101 ～ 105

1. Mark your answer on your answer sheet.

2. Mark your answer on your answer sheet.

3. Mark your answer on your answer sheet.

4. Mark your answer on your answer sheet.

5. Mark your answer on your answer sheet.

HINT

□ adjust 動 ～を調整する　□ site 名 場所
□ launch 名 開始、発売 動 ～を開始する、立ち上げる　□ luncheon 名 昼食会

解答解説

101 **1. 正解：(C)**

What changes did you make to the **Web site**?

(A) Please adjust the text color.

(B) A **site** for a new factory.

(C) I just updated the news page.

ウェブサイトにどんな変更をしたのですか。

(A) 文字の色を調整してください。

(B) 新しい工場の用地です。

(C) 新しいページを更新しただけです。

(A) 全体がルアーのような選択肢でした。

---

102 **2. 正解：(A)**

Where can I get tickets for the concert?

(A) They're already sold out.

(B) It's classical music.

(C) The **musician** is quite popular.

コンサートのチケットはどこで入手できますか。

(A) もう売り切れです。

(B) クラシックです。

(C) そのミュージシャンはとても人気があります。

ルアー切りが試される問題です。

---

103 **3. 正解：(C)**

When is the deadline for our **application**?

(A) I'm interested in the position.

(B) For a mobile phone **app**.

(C) Send it in by the end of the day.

申込みの期限はいつですか。

(A) 私はその職に興味があります。

(B) 携帯電話のアプリです。

(C) 今日中に送ってください。

(B)app は近年よく出てくる単語です。

---

104 **4. 正解：(C)**

Who left this **package** for me?

(A) I **packed** them myself.

(B) No, turn right, please.

(C) The receptionist.

誰がこの荷物を私に残してくれたのですか。

(A) 自分で梱包しました。

(B) いいえ、右に曲がってください

(C) 受付係です。

2つ切って「あ、受付の人ね」と考えられたら素晴らしいです。

---

105 **5. 正解：(B)**

Why was the **launch** party postponed?

(A) A formal **luncheon** at the hotel.

(B) Because we need more time to get ready.

(C) Mr. Reynolds recommended the venue.

なぜそのお披露目会は延期されたのですか。

(A) ホテルでのフォーマルな昼食会です。

(B) 準備にもっと時間が必要なのです。

(C) Reynolds さんがその会場を薦めていました。

Why → Because の定番ですが、venue が party のルアーだと気づけたらもう上級者です。

総合演習２

このStageのクリア条件 ▶▶ 正解の癖を見抜く

STEP 1-1 ▶ 問題形式と解答へのアプローチ

次の例題をやってみましょう。

▶例題

Q1. パンフレットにこの写真を使うのはどうですか。
(A) かわりにこの写真はどうですか。
(B) フォルダの中です。
(C) 定評のあるカメラです。

Q2. 今日の会議は何についてですか。
(A) C会議室で行います。
(B) あとで議題が配られますよ。
(C) 約1時間と聞いています。

Q3. R&K製薬が本社を移転したのはいつですか。
(A) こちらがあなたの処方箋です。
(B) そうなんですか、知りませんでした。
(C) Southbank駅の近くらしいです。

正解はQ1.（A)、Q2.（B)、Q3.（B）です。STAGE 09と同じく3問すべて正解が選べたはずです。が、もしかすると「これで合っているかな？」といった不安があったかもしれません。それは、質問文に対しドストライクの応答ではなく、ひねった応答、つまり「距離」だったから。**このSTAGEではその距離が正解の範囲内にあるのか、不正解の遠さにあるのかを練習します。**

STEP 1-2 ▶ 練習問題でウォーミングアップ

次の問題で正解を**2つ**選んでください。

1. これらの箱はどこに運べばよいですか。
   (A) 合計8箱です。
   (B) 地下の保管庫にお願いします。
   (C) そのまま置いておいてください。

2. 空港へはいつ向かえばよいですか。
   (A) 午後2時です。
   (B) 第2ターミナルです。
   (C) フライト時間は何時ですか。

3. その建設業者は誰が薦めたのですか。
   (A) 同僚のCharlesです。
   (B) 私が選定したのではありません。
   (C) およそ8ヶ月で完成予定です。

4. 断水期間はどのくらいになる予定ですか。
   (A) はい、プールは営業しています。
   (B) 6時間と聞きました。
   (C) エントランスに案内がありましたよ。

5. 昨日の月例会議で決まったことはなんですか。
   (A) 新しい副社長就任です。
   (B) メールを読んでないのですか。
   (C) 2階大会議室で行う予定です。

解答解説

1. 正解：(B)・(C)
これらの箱はどこに運べばよいですか。
(B) 地下の保管庫にお願いします。
→　素直に場所を示しています。
(C) そのまま置いておいてください。
→　動かさなくていい、も正解になります。

2. 正解：(A)・(C)
空港へはいつ向かえばよいですか。
(A) 午後2時です。
→　素直に時間を示しています。
(C) フライト時間は何時ですか。
→　フライト時間によって空港に向かう時間を判断する流れとして、正解になります。

3. 正解：(A)・(B)
その建設業者は誰が薦めたのですか。
(A) 同僚のCharlesです。
→　素直に人名を答えています。
(B) 私が選定したのではありません。
→　実社会ではこういう応答をする人はどうかと思いますが、TOEICでは何度も出題されたことがあります。

4. 正解：(B)・(C)
断水期間はどのくらいになる予定ですか。
(B) 6時間と聞きました。
→　素直に時間を答えています。
(C) エントランスに案内がありましたよ。
→　それを見てください、という距離の問題です。

5. 正解：(A)・(B)
昨日の月例会議で決まったことはなんですか。
(A) 新しい副社長就任です。
→　素直に内容を答えています。
(B) メールを読んでないのですか。
→　メールにその内容が書かれていたのでしょう。

攻略の鍵

疑問詞のまとめ

ここまでのSTAGEでPart 2の基本戦略、各疑問詞の内容と選択肢を切る、残す方法を学びました。ここでは各疑問詞について注意すべきことと、正解になる応答パターンをおさらいします。

	疑問詞	注意点 / 正解の応答
1	What	What ～（何）/ What ＋名詞（どんな）の両方で待つ。
2	Where	場所の応答では前置詞（in / on / at 等）が頻出。加えて距離を残す。
3	When	What のような訳し分けは必要なし。Where との聞き分けを注意し、訳は「いつ」の一択。
4	Who	Who's（Who is の短縮）が聞こえたら 9 割 Who is で考えてよい。また番号の若い出題（No. 20 より前）では具体的な名前、職業での応答後半では距離での応答が正解になる傾向。
5	Why	疑問詞のサービス問題。Because ～ / To ～ / For ～の 3 つが正解の 3 トップ。さらに There is/are ～を加えて正解パターンのカードとして持っておく。
6	Which	Which ＋名詞（どちらの名詞）が圧倒的に多い。one などの代名詞が出れば強力な正解候補です。
7	How	How ＋助動詞＋人（どのように / どうやって）/ How long ~?（どれくらいの期間）/ How many ~?（いくつ・何人）/ How is/was ~（どうですか / どうでしたか）の順で出題例あり。
8	Whose	「誰のもの」は上述の 7 疑問詞に比べて圧倒的に出題頻度が低い。つまり「フーズ」の音は Who's と判断して OK。

くどいようですが、「切る」を徹底するのが鉄則です。その上で上記のような傾向がある、ということを知っておけば、Part 2で有利に解答ができます。

STEP 2 ▶ 基礎問題で力試し

次の質問文に対する応答として正しいものを選んでください。

1. Why is your office being relocated?
   (A) How did you know that?
   (B) I like the new place.

2. Which restaurant do you prefer?
   (A) I'd like a cup of coffee.
   (B) Whichever you like.

3. Where can I find the new employee's résumé?
   (A) A factory worker.
   (B) Nobody joined us recently.

4. How many light bulbs do we need?
   (A) Let me check.
   (B) Thanks for doing that.

5. Who is supervising the cleaners?
   (A) The floor was cleaned by Sandy.
   (B) Sorry, I'm new here.

6. How much does it cost to download the software?
   (A) Which version do you want?
   (B) I'll pay by cash.

7. What is Stuart working on now?
   (A) Yes, he's very busy.
   (B) He'll show us tomorrow.

8. How long is your business trip?
   (A) I'll e-mail you.
   (B) Brisbane and Sydney.

9. What was your previous job?
   (A) Kenny told me about the job openings.
   (B) Here's my résumé.

10. When will the trade show start?
   (A) You can check the Web site.
   (B) The show was very impressive.

解答解説

1. **正解：(A)**
なぜオフィスは移転したのですか。
→ どうやってそれを知ったのですか
(オフィス移転したのをよく知っていましたね)。

---

2. **正解：(B)**
どちらのレストランが好みですか。
→あなたが好きなほうでいいですよ
(好き嫌いはないので)。

---

3. **正解：(B)**
新しい従業員の履歴書はどこで見られますか。
→最近は誰も入社していませんが
(誰のことを言っているんですか)。

---

4. **正解：(A)**
電球はいくつ必要ですか。
→確認します
(だから少し待ってください)。

---

5. **正解：(B)**
誰が清掃員を監督していますか。
→すみません、まだ新人なんです
(だからわかりません)。

6. **正解：(A)**
そのソフトウェアをダウンロードするのにいくらかかりますか。
→どのバージョンがほしいのですか
(値段はそれによりますね)。

---

7. **正解：(B)**
Stuartは今何に取り掛かっていますか。
→明日教えてくれるそうです
(だから明日わかるんじゃないですかね)。

---

8. **正解：(A)**
出張はどれくらいの期間ですか。
→メールします
(詳細はそれ読んでください)。

---

9. **正解：(B)**
以前の仕事は何でしたか。
→履歴書をご覧ください
(職歴も載っています)。

---

10. **正解：(A)**
見本市はいつ始まりますか。
→ウェブサイトで確認できます
(私も知らないです)。

STEP 3 ▶ 実践問題でレベルアップ

STEP 2では敢えて距離パターンに寄った正解にあなたの意識を振りました。ここで一度初心に帰って解答しましょう。

106～110

1. Mark your answer on your answer sheet.

2. Mark your answer on your answer sheet.

3. Mark your answer on your answer sheet.

4. Mark your answer on your answer sheet.

5. Mark your answer on your answer sheet.

HINT

□vegetarian 形 菜食の　□release 動（～を）発表する、公表する

解答解説

1. **正解：(B)**
106
Which meal would you like?
(A) With our client.
(B) I'll take the vegetarian option.
(C) Yes, we're inviting Mr. Kira.

どんな食事が良いですか。
(A) クライアントが同席します。
(B) ベジタリアンのものにします。
(C) はい、Kiraさんを招待します。
(B) 明確に食事の好みが出ています。

---

2. **正解：(A)**
107
How much is the flight from Tokyo to Melbourne?
(A) When do you want to go?
(B) Australian airlines.
(C) Go to Gate 24.

東京-メルボルン間の航空券はいくらですか。
(A) いつがご希望ですか。
(B) オーストラリア航空です。
(C) 24番ゲートへ行ってください。
(A)「聞き返し」、正解としてありです。

---

3. **正解：(C)**
108
Where does the driver usually **park** the car?
(A) We went to the sports **park**.
(B) We sell trucks.
(C) I'll show you the place.

ドライバーは通常どこに車を停めますか。
(A) スポーツパークに行きました。
(B) トラックを販売しています。
(C) 場所をご案内します。
聞き手が「教えます」も頻出です。

---

4. **正解：(B)**
109
When will we release our new **coffee** maker?
(A) The café offers a wide variety of meals.
(B) Didn't you read the e-mail?
(C) No, we don't sell sandwiches.

いつ新しいコーヒーメーカーを発表しますか。
(A) そのカフェは幅広い食事を展開しています。
(B) メールを読んでないのですか。
(C) いいえ、サンドイッチは販売していません。
ルアー切りを徹底しましょう。

---

5. **正解：(A)**
110
Why has the **firework** festival been **postponed**?
(A) Because it will be windy tonight.
(B) Julia **posted** on the site.
(C) The **park** was full of people.

なぜ花火大会は延期になったのですか。
(A) なぜなら今晩は強風の予報なんです。
(B) Juliaがそのサイトに投稿しました。
(C) 公園は人でいっぱいでした。
Why→BecauseはもうOKですよね。

STEP 4 ▶ 本番レベルの問題にチャレンジ

いよいよ本番と同じ問題です。

111 ～ 115

1. Mark your answer on your answer sheet.

2. Mark your answer on your answer sheet.

3. Mark your answer on your answer sheet.

4. Mark your answer on your answer sheet.

5. Mark your answer on your answer sheet.

HINT

□ prohibit 動 ～を禁止する　□ brochure 名 パンフレット

解答解説

111 **1.　正解：(C)**

Which **meal** would you prefer?
(A) A seat by the window, please.
(B) We **deal** in a variety of goods.
(C) Anything you'd like to have.

どちらの食事がお好みですか。
(A) 窓側の席をお願いします。
(B) 私たちは様々な品を取り扱っています。
(C) あなたが好きなものならなんでも。

(A) は引っ掛けです。

---

112 **2.　正解：(B)**

How much does it cost to renew your membership?
(A) It's good for five years.
(B) The fee is 32 dollars.
(C) To reduce our **costs**.

会員権を更新するのにいくらかかりますか。
(A) 5年有効です。
(B) 会費は32ドルです。
(C) そのコストを減らすためです。

(B) 素直に値段が出ています。

---

113 **3.　正解：(B)**

When did Foster Industries change their **logo**?
(A) Yes, I'll **log** in right now.
(B) Oh, I didn't know they had.
(C) To be more colorful.

Foster Industriesはいつロゴを変えたのですか。
(A) はい、すぐログインします。
(B) え、私はそのことを知りませんでした。
(C) もっと鮮やかになるためです。

(B) 距離の応答のパターンです。

---

114 **4.　正解：(A)**

Where are the boxes of tax **records** kept?
(A) I'll be happy to show you.
(B) **Recording** video is prohibited in the hall.
(C) Everything went very smoothly, I hear.

税金の記録の箱はどこですか。
(A) 喜んでご案内します。
(B) 録画は当会場では禁止されています。
(C) すべてうまく行ったそうです。

(C) は同じ音もルアーもないため、(A) のパターンを知っておく必要があります。これがこのSTAGEの目的です。

---

115 **5.　正解：(B)**

What is Silvia working on now?
(A) Her shift began at eight.
(B) She's designing a new brochure.
(C) I went there with her yesterday.

Silviaは今何に取り掛かっていますか。
(A) 彼女の勤務は8時に始まりました。
(B) 新しいパンフレットをデザインしています。
(C) 私は昨日彼女とそこへ行きました。

(B) で素直にSilviaがやっている内容を答えています。

column

リスニングSTAGEをクリアした人へ

Part 2関連の問題を250問解きました。本書を開く前とは確実に違う自分になっているはずです。旅人の服とヒノキの棒でスタートしたTOEICというゲームも、今は銅の剣と革の鎧に強化されています。次の街へ出発する準備は整いました。

次に行くべきは「公式問題集」です。これが今後のTOEIC学習の主戦場になります。ここでは、この公式問題集の中で今後出くわす敵について説明します。本書で学んだ疑問詞はPart 2全体の約半数を占めるものの、残りの半数は初めて目（耳）にする敵になります。その特徴を以下にまとめました。

① Yes / No 疑問文
タイトルどおり、Yes, Noでの応答が正解になり得る問題です。
Do you have any hotel rooms available today?

② 平叙文
「?」のつかない文です。
We'll go out for lunch today.

③ 提案・勧誘・依頼
そのまま、相手に「どう？」と尋ねる文です。
How about having a break now?

④ 付加疑問文
「～ですね」と念を押す文です。下線部は無視して大丈夫です。
You've met the client before, <u>haven't you</u>?

⑤ 否定疑問文
文頭が否定文になっている質問文です。このnotも無視してOKです。
Isn't the restaurant open till 10 p.m.?

⑥ 選択
文中に「or」が入り、2つの選択肢を提示します。
Would you like to pay by cash or credit card?

これら6種の問題に対しても決して臆することはありません。STAGE 01で学んだ「切る」を基本に正解パターンを蓄積していけば、必ずスコアアップできます。

文法
10 STAGES

▶ 文法クリア条件

Part 5形式の文法問題
(品詞問題)の攻略

STAGE 01

問題の識別

このStageのクリア条件 ▶▶ Part 5の問題識別ができる

STEP 1-1 ▶ 問題形式と解答へのアプローチ

次の例題を見てみましょう。

▶例題

Q1. WKB Tech is working ------- to release a new app by next winter.
(A) quickening (B) quickened (C) quickness (D) quickly

Q2. Dr. Nishida will open ------- first clinic in October.
(A) she (B) her (C) hers (D) herself

Q3. ------- Mr. Gale has just transferred to the Sydney branch, we are seeking a full time accountant.
(A) Until (B) Despite (C) Upon (D) Since

いずれもPart 5で出題される代表的な問題で正解は、Q1. (D)、Q2. (B)、Q3. (D) です。例題の選択肢だけを並べたのが次の表です。

番号	Q1.	Q2.	Q3.
選択肢	(A) quickening (B) quickened (C) quickness (D) quickly	(A) she (B) her (C) hers (D) herself	(A) Until (B) Despite (C) Upon (D) Since
種類	**品詞問題**	**文法問題**	**語彙問題**
特徴	**選択肢の前半部分が共通**	**選択肢の一部が共通**	**選択肢がバラバラ**

Part 5の問題は大きく分けてこの3種に大別されます。その中でも**最も短時間で攻略でき、学習の時間対効果が高いのがQ1.の品詞問題です**。練習問題では、品詞問題を見抜く練習から始めます。

STEP 1-2 ▶ 練習問題でウォーミングアップ

選択肢を見て、次の1～4のうち品詞問題であれば①を、そうでなければ②を選んでください。※P.219に解答用のマークシートがあります。

1.
(A) Many
(B) Neither
(C) Other
(D) None

2.
(A) for
(B) on
(C) from
(D) above

3.
(A) continuously
(B) continuity
(C) continuous
(D) continue

4.
(A) will finish
(B) finishing
(C) finish
(D) finished

5.
(A) they
(B) their
(C) them
(D) theirs

解答解説

1.　正解：②

(A) Many　たくさんの
(B) Neither　どちらも～ない
(C) Other　ほかの
(D) None　どれも～でない

選択肢がバラバラです。したがって語彙問題です。

2.　正解：②

(A) for　～のために
(B) on　～の上に
(C) from　～から
(D) above　～の上で

こちらも1.と同様、選択肢がバラバラなので、語彙問題です。

3.　正解：①

(A) continuously　継続的に
(B) continuity　継続性
(C) continuous　切れ目のない
(D) continue　続く

前半のcontinuまでが共通しています。これは品詞問題です。

4.　正解：②

(A) will finish　終わるだろう
(B) finishing　終わること
(C) finish　終わる
(D) finished　終わった

一見したところfinishが共通しているようですが、前半が共通しているわけではなく、また (A) のように2語で示されているものもあります。これは文法問題です。

5.　正解：②

(A) they　彼らは
(B) their　彼らの
(C) them　彼らを
(D) theirs　彼らのもの

代名詞が選択肢にある場合も文法問題です。

ここでやりたいこと「勝てる」問題の見分けです。品詞問題に狙いをつけ、確実に正解できるものを洗い出します。

出題される品詞を把握

英語には全部で10品詞ありますが、TOEIC Part 5で出題される品詞は全部で6種。名詞・動詞・形容詞・副詞・前置詞・接続詞が見分けられるようにしましょう。

選択肢を見て品詞問題・文法問題・語彙問題に分ける

POINT ▶ 問題は選択肢で見分ける

1. Due to construction delays on Elkhorn Street, staff of Voco Hotel will ------- need to take alternate routes.

(A) **probab**ility
(B) **probab**ly
(C) **probab**le
(D) **probab**ilities

選択肢の前半が共通→品詞問題！

2. The sales report indicates that SYG Tech's profits have ------- from last quarter.

(A) increased
(B) released
(C) organized
(D) fluctuated

選択肢がバラバラ→語彙問題！

3. ------- to the new project, the Mr. Ikeda worked tirelessly to meet the deadline.

(A) **Assign**ed
(B) **Assign**ing
(C) To be **assign**ed
(D) **Assign**s

選択肢がどこかで共通→文法問題！

STEP 2 ▶ 基礎問題で力試し

選択肢を見て、次の１～４のうち品詞問題であれば①を、そうでなければ②を選んでください。※P.220 に解答用のマークシートがあります。

1.
(A) vary
(B) variety
(C) various
(D) variously

2.
(A) to give
(B) given
(C) will be given
(D) gave

3.
(A) employee
(B) employer
(C) colleague
(D) supervisor

4.
(A) they
(B) their
(C) theirs
(D) themselves

5.
(A) quick
(B) quickness
(C) quickly
(D) quicken

6.
(A) on
(B) for
(C) over
(D) around

7.
(A) to see
(B) seeing
(C) saw
(D) to be seen

8.
(A) us
(B) our
(C) we
(D) ours

9.
(A) generalize
(B) general
(C) generally
(D) generality

10.
(A) specific
(B) specifically
(C) specify
(D) specification

解答解説

1. **正解：① 品詞問題**
(A) vary　変える
(B) variety　変化
(C) various　様々な
(D) variously　様々に

2. **正解：②　文法問題**
(A) to give　与えること
(B) given　与えられた
(C) will be given　与えられるだろう
(D) gave　与えた

3. **正解：②　語彙問題**
(A) employee　従業員
(B) employer　雇用者
(C) colleague　同僚
(D) supervisor　上司

4. **正解：②　文法問題**
(A) they　彼らは
(B) their　彼らの
(C) theirs　彼らのもの
(D) themselves　彼ら自身で

5. **正解：①　品詞問題**
(A) quick　速い
(B) quickness　すばやさ
(C) quickly　速く
(D) quicken　速くなる

6. **正解：② 語彙問題**
(A) on　～の上で
(B) for　～の間
(C) over　～を覆って
(D) around　～の周りに

7. **正解：②　文法問題**
(A) to see　見ること
(B) seeing　見ること
(C) saw　見た
(D) to be seen　見られること

8. **正解：②　文法問題**
(A) us　私たちを
(B) our　私たちの
(C) we　私たちは
(D) ours　私たちのもの

9. **正解：①　品詞問題**
(A) generalize　一般化する
(B) general　一般的な
(C) generally　一般的に
(D) generality　一般性

10. **正解：①　品詞問題**
(A) specific　具体的な
(B) specifically　はっきりと
(C) specify　明確に述べる
(D) specification　詳述

ここでは単語の細かい意味よりも、選択肢の字面を見て品詞問題を選ぶことが重要です。3つとも選べていればバッチリです。

STEP 3 ▶ 実践問題でレベルアップ

次の各問題が ①品詞問題　②文法問題　③語彙問題のどれであるかを選んでください。※P.221 に解答用のマークシートがあります。

1.
(A) The most
(B) Most of
(C) Almost
(D) Most

2.
(A) product
(B) productively
(C) productive
(D) produce

3.
(A) explain
(B) talk
(C) gather
(D) write

4.
(A) try
(B) trying
(C) to try
(D) have tried

5.
(A) beauty
(B) beautiful
(C) beautifully
(D) beautify

解答解説

1. 正解：③　語彙問題

(A) The most　最も多くの
(B) Most of　～の多く
(C) Almost　ほとんど
(D) Most　大抵の

選択肢はバラバラなので、語彙問題です。

2. 正解：① 品詞問題

(A) product　製品
(B) productively　生産的に
(C) productive　生産的な
(D) produce　生産する

選択肢の前半が共通しているので、品詞問題です。

3. 正解：③　語彙問題

(A) explain　説明する
(B) talk　話す
(C) gather　集まる
(D) write　書く

選択肢はバラバラなので、語彙問題です。

4. 正解：②　文法問題

(A) try　※選択肢の訳は省略
(B) trying
(C) to try
(D) have tried

選択肢の一部が共通しているので、文法問題です。

5. 正解：① 品詞問題

(A) beauty　美しさ
(B) beautiful　美しい
(C) beautifully　美しく
(D) beautify　美化する

選択肢の前半が共通しているので、品詞問題です。

問題の種類を分別→解答の方法を選ぶ流れは、魚料理→白ワイン、肉料理→赤ワイン、もつ鍋→芋焼酎の合わせ方に似ています。しっかり合わせれば、どんどん問題が楽しくなっていきます。

STEP 4 ▶ 本番レベルの問題にチャレンジ

次の日本文に合うように、適切な語を選んでください。
※P.222に解答用のマークシートがあります。

1. 弊社の -------は競争力の高い製品を持っていることだ。
(A) 強く　(B) 強い　(C) 強み　(D) 強くする

2. 池田さんはその問題に -------対応した。
(A) 柔軟性　(B) 柔軟な　(C) 柔軟にする　(D) 柔軟に

3. その企業の本社は不動産価格がとても -------場所にある。
(A) 高い　(B) 高さ　(C) 高く　(D) 高くする

4. YGS社は給与計算のソフトウェアを -------企業だ。
(A) 販売　(B) 販売の　(C) 販売に　(D) 販売する

5. Azusa & Siアパレルが展開するTシャツのカラーバリエーションは -------幅広い。
(A) 非常な　(B) 非常性　(C) 非常に　(D) 非常にする

解答解説

1. 正解：(C)
弊社の ------- は競争力の高い製品を持っていることだ。
(A) 強く (B) 強い (C) 強み (D) 強くする
ここで使われている「強み」は名詞です。名詞はSTAGE 03で学びます。

2. 正解：(D)
池田さんはその問題に ------- 対応した。
(A) 柔軟性 (B) 柔軟な (C) 柔軟にする (D) 柔軟に
ここで使われている「柔軟に」は副詞です。副詞はSTAGE 06で学びます。

3. 正解：(A)
その企業の本社は不動産価格がとても ------- 場所にある。
(A) 高い (B) 高さ (C) 高く (D) 高くする
ここで使われている「高い」は形容詞です。形容詞はSTAGE 05で学びます。

4. 正解：(D)
YGS社は給与計算のソフトウェアを ------- 企業だ。
(A) 販売 (B) 販売の (C) 販売に (D) 販売する
ここで使われている「販売する」は動詞です。動詞はSTAGE 04で学びます。

5. 正解：(C)
Azusa & Siアパレルが展開するTシャツのカラーバリエーションは ------- 幅広い。
(A) 非常な (B) 非常性 (C) 非常に (D) 非常にする
ここで使われている「非常に」は副詞です。副詞は品詞問題のユーティリティープレイヤーです。

次のSTAGEからはこれら各品詞の見分け方を学びます。一つずつ攻略していきましょう。

STAGE 02 品詞の見分け

このStageのクリア条件 ▶▶ 品詞が見分けられる

STEP 1-1 ▶ 問題形式と解答へのアプローチ

次のそれぞれの語が当てはまる品詞を選んでください。

▶例題

1. 銀座
(A) 名詞　(B) 動詞　(C) 形容詞　(D) 副詞

2. 有名な
(A) 名詞　(B) 動詞　(C) 形容詞　(D) 副詞

3. 流暢に
(A) 名詞　(B) 動詞　(C) 形容詞　(D) 副詞

4. 扱う
(A) 名詞　(B) 動詞　(C) 形容詞　(D) 副詞

解答はそれぞれ1. (A) 名詞、2. (C) 形容詞、3. (D) 副詞、4. (B) 動詞となります。もしかしたら「ん？」と解答に迷った問題があったかもしれません。でも、それが当たり前だと思います。なぜって、私たちは母語を話す時、いちいち「これは名詞だ」「ここで副詞を添えて」なんて考えないからです。

しかし、**英語を読む際、品詞を意識することは超重要で、その区分けが問われるのがPart 5の品詞問題です**。つまり、英語の品詞問題が解けるようになることが、文法がわかり、英文が読めることの前提条件になります。

STEP 1-2 ▶ 練習問題でウォーミングアップ

次の語の語尾を見て、どの品詞になるか選んでください。

1. famous
(A) 名詞
(B) 動詞
(C) 形容詞
(D) 副詞

2. realize
(A) 名詞
(B) 動詞
(C) 形容詞
(D) 副詞

3. dangerous
(A) 名詞
(B) 動詞
(C) 形容詞
(D) 副詞

4. teacher
(A) 名詞
(B) 動詞
(C) 形容詞
(D) 副詞

5. occasionally
(A) 名詞
(B) 動詞
(C) 形容詞
(D) 副詞

解答解説

1. **正解：(C) 形容詞** 有名な
(A) 名詞
(B) 動詞
(C) 形容詞
(D) 副詞

2. **正解：(B) 動詞** ～とわかる
(A) 名詞
(B) 動詞
(C) 形容詞
(D) 副詞

3. **正解：(C) 形容詞** 危険な
(A) 名詞
(B) 動詞
(C) 形容詞
(D) 副詞

4. **正解：(A) 名詞** 先生
(A) 名詞
(B) 動詞
(C) 形容詞
(D) 副詞

5. **正解：(D) 副詞** 時折
(A) 名詞
(B) 動詞
(C) 形容詞
(D) 副詞

もしかするとあなたはここまでの練習問題で単語を一度日本語に訳し、その和訳から品詞を考えていたかもしれません。その解き方そのものは間違っているとは言い切れませんが、デメリットが2つあります。1つめが「訳せなかった場合はゲームオーバー」ということ。2つめは「時間がかかる」ということです。
次ページの「攻略の鍵」では品詞を瞬時に見分けるアイテムを紹介します。品詞の識別では無敵の「スター」とも言えるアイテムです。必ずゲットしてください。

識別すべき品詞は4つ

名詞・動詞・形容詞・副詞が見分けられるようにする

英語の品詞は語尾で見分ける

品詞	語尾
名詞	-ment, -th, -cy, -ty, -ce, -er, -or, -ness, -ism, -tion, -sion
動詞	-en, -ize, -fy, -ate
形容詞	-al, -able, -ful, -ive, -ic, -ous, -ant, -ent
副詞	-ly, -ward, -wise

※ en- は文頭でも動詞です。

語尾の覚え方

なかなか覚えることができない人は以下の表を口に出して覚えましょう。

名詞	メントス 買いたいっす、あー、ねっす、すいましょんしょん -ment, -th, -cy, -ty, -ce -er, -or, -ness, -ism, -tion, -sion
動詞	エンエンイゼファイエイト -en, en-, -ize, -fy, -ate
形容詞	アルアブルフルイブイックアスアントエント -al, -able, -ful, -ive, -ic, -ous, -ant, -ent

もちろん、各品詞が必ず上記の語尾で終わるわけではありません。が、女子マラソンの中継で増田明美さんが登場するのと同じくらいの確率で、これらの語尾を目印にして品詞問題を攻略できます。また、例えば練習問題5.で登場したoccasionallyの意味を知らずとも、「語尾がly、だから副詞！」と識別することができます。居酒屋で、メニューに「つまみ」とだけ書かれていたら全然選ぶ気になれないと思います。でも「刺し身」「煮込み」「焼き物」「揚げ物」と分けると、もうそれだけで楽しくなってきます。英語も同じように、品詞がわかれば楽しくなってくるはずです。

STEP 2 ▶ 基礎問題で力試し

語尾を見て、それぞれの品詞を選んでください。

1. -tion
(A) 名詞
(B) 動詞
(C) 形容詞
(D) 副詞

2. -ize
(A) 名詞
(B) 動詞
(C) 形容詞
(D) 副詞

3. -able
(A) 名詞
(B) 動詞
(C) 形容詞
(D) 副詞

4. -ate
(A) 名詞
(B) 動詞
(C) 形容詞
(D) 副詞

5. -ward
(A) 名詞
(B) 動詞
(C) 形容詞
(D) 副詞

6. -en
(A) 名詞
(B) 動詞
(C) 形容詞
(D) 副詞

7. -ment
(A) 名詞
(B) 動詞
(C) 形容詞
(D) 副詞

8. -ive
(A) 名詞
(B) 動詞
(C) 形容詞
(D) 副詞

9. -ly
(A) 名詞
(B) 動詞
(C) 形容詞
(D) 副詞

10. -ent
(A) 名詞
(B) 動詞
(C) 形容詞
(D) 副詞

解答解説

1. **正解：(A) 名詞** -tion

-ment, -th, -cy, -ty, -ce, -er, -or, -ness, -ism, -tion, -sion は名詞です。

2. **正解：(B) 動詞** -ize

en,-ize, -fy, -ate は動詞です。

3. **正解：(C) 形容詞** -able

-al, -able, -ful, -ive, -ic, -ous, -ant, -ent は形容詞です。

4. **正解：(B) 動詞** -ate

en,-ize, -fy, -ate は動詞です。

5. **正解：(D) 副詞** -ward

-ly, -ward, -wise は副詞です。

6. **正解：(B) 動詞** -en

en,-ize, -fy, -ate は動詞です。

7. **正解：(A) 名詞** -ment

-ment, -th, -cy, -ty, -ce, -er, -or, -ness, -ism, -tion, -sion は名詞です。

8. **正解：(C) 形容詞** -ive

-al, -able, -ful, -ive, -ic, -ous, -ant, -ent は形容詞です。

9. **正解：(D) 副詞** -ly

-ly, -ward, -wise は副詞です。

10. **正解：(C) 形容詞** -ent

-al, -able, -ful, -ive, -ic, -ous, -ant, -ent は形容詞です。

くどいようですが、字面を見て品詞を識別できるよう、あえて語尾だけを載せました。次の問題では単語を見て演習します。

STEP 3 ▶ 実践問題でレベルアップ

次の語の語尾を見て、それぞれの品詞を選んでください。

1. promotion
(A) 名詞
(B) 動詞
(C) 形容詞
(D) 副詞

2. organize
(A) 名詞
(B) 動詞
(C) 形容詞
(D) 副詞

3. available
(A) 名詞
(B) 動詞
(C) 形容詞
(D) 副詞

4. appreciate
(A) 名詞
(B) 動詞
(C) 形容詞
(D) 副詞

5. particularly
(A) 名詞
(B) 動詞
(C) 形容詞
(D) 副詞

解答解説

1. **正解：(A) 名詞**

promotion　昇進、販売促進

-tion があるので名詞です。しょんがついたら名詞でション。

---

2. **正解：(B) 動詞**

organize　～を整える、取りまとめる、並べる

語尾が -ize で終わっています。動詞です。

organization 名 組織、機構

---

3. **正解：(C) 形容詞**

available　利用可能な、手に入る

-able があるので形容詞です。

unavailable 形 利用不可の

---

4. **正解：(B) 動詞**

appreciate　～に感謝する

-ate で動詞です。

appreciation 名 感謝

appreciative 形 感謝して

---

5. **正解：(D) 副詞**

particularly　特に

-ly で副詞です。

occasionally 副 時折

単語になっても見るべきところは同じです。語尾の字面から判断してください。

STEP 4 ▶ 本番レベルの問題にチャレンジ

英文の中に要求された品詞を入れる演習です。

1. Ms. Nishida is satisfied with her --- 名詞 ---.
(A) promote (B) promotive (C) promotion (D) prompt

2. The performance was quite --- 形容詞 ---.
(A) impressively (B) impression (C) impress (D) impressive

3. The vice president is --- 副詞 --- checking the report.
(A) closely (B) close (C) closed (D) closeness

4. Our office will --- 動詞 --- to Chicago next year.
(A) relocation (B) relocate (C) relocative (D) relocately

5. The --- 名詞 --- will be posted on our Web site.
(A) inform (B) informative (C) informatively (D) information

HINT

□ satisfy 動（～）に満足する □ quite 副 非常に、とても □ vice president 名 副社長
□ relocate 動 移転する □ post 動 ～を投稿する

解答解説

1. **正解：(C)**

Ms. Nishida is satisfied with her --- 名詞 ---.

(A) promote (B) promotive **(C) promotion** (D) prompt

Nishidaさんは彼女の昇進に満足した。

-tion のあるpromotionを選びます。前置詞の後ろには名詞が置かれます。名詞の置かれる場所についてはSTAGE 03で確認しましょう。

---

2. **正解：(D)**

The performance was quite --- 形容詞 ---.

(A) impressively (B) impression (C) impress **(D) impressive**

その公演はとても印象に残った。

形容詞のヒントを見て頭のなかで「アルアブル……」と考えられていればバッチリです。 形容詞はSTAGE 05で学びます。

---

3. **正解：(A)**

The vice president is --- 副詞 --- checking the report.

(A) closely (B) close (C) closed (D) closeness

副社長は入念に報告書を確認している。

beと-ingの間は副詞の定位置です。その他副詞についてはSTAGE 06で紹介します。

---

4. **正解：(B)**

Our office will --- 動詞 --- to Chicago next year.

(A) relocation **(B) relocate** (C) relocative (D) relocately

弊社のオフィスは来年シカゴに移転する。

自信をもって-ateを選べたでしょうか。動詞の位置、また形 (現在形、過去形等) ともに重要事項です。詳しくはSTAGE 04で触れます。

---

5. **正解：(D)**

The --- 名詞 --- will be posted on our Web site.

(A) inform (B) informative (C) informatively **(D) information**

その情報は当ウェブサイトに掲載予定です。

名詞→メントス買いたい……の流れで-tionを選びます。

次 STAGE 以降で各品詞を確実にマスターしていきます。STAGE 08 が終わるころには --- ○詞 --- が自力で判断できるようになっているはずです。

名詞
STAGE
03
このStageのクリア条件 ▶▶ 名詞の働きと場所がわかる

STEP 1-1 ▶ 問題形式と解答へのアプローチ

POINT▶ 名詞の働き：主語・動詞の目的語・前置詞の目的語・補語

次の空欄に適切な語を選んでください。

▶例題　Q. 先月、役員たちは重要な ------- を下しました。
(A) 決める (B) 決定的に (C) 決断 (D) 決められた

正解は（C）です。「なんだ、これ？意味がちゃんと通るやつを選べってこと？めっちゃ簡単じゃん！」と思う方もいるかもしれません。では、英語になったらどうでしょう？　試しにQ.を英語にしてみます。

Q. Board members made an important ------- last month.
(A) decide (B) decidedly (C) decision (D) decided

正解は変わらず（C）ですが、何を手がかりとして解けばよいのか説明できるでしょうか。日本語での例のように「意味が通るやつ」という解き方をすれば、「あとは単語を覚えてください、お疲れ様でした！」といった解説になってしまいます。事実、英語圏にいる人たちにQ.を解かせたら「ダッテ（C）以外はunnatural（不自然）デショ」と言うでしょう。

意味に頼らず、むしろ意味がわからずともこの手の問題が解けるようになるのが、本書のねらいです。練習問題を解きながら「何を手がかりとして解けばよいのか」を確認しましょう。

STEP 1-2 ▶ 練習問題でウォーミングアップ

次の空欄に適切な語を選んでください。

1. トムの-------は役に立った
(A) 説明する (B) 説明の (C) 説明的に (D) 説明

2. 彼女は-------を拡大した。
(A) 事業の (B) 事業 (C) 事業的に (D) 事業をする

3. ケイトの目は-------で輝いている。
(A) 喜び (B) 喜ぶ (C) 喜ばせる (D) 喜んで

4. 大切なのはお客様の-------です。
(A) 安全な (B) 安全に (C) 安全 (D) 安全にする

5. 彼はあなたの-------を必要としています。
(A) 助ける (B) 助け (C) 役立つ (D) 役立って

解答解説

名詞の働き：主語・動詞の目的語・前置詞の目的語・補語というポイントを確認しながら、解説します。英文は例題を英語にしたものです。

1. **正解：(D) 説明**

トムの**説明**は役に立った。

英文：Tom's **explanation** was useful.

explanation は be 動詞 was の前で主語 (S) の働きをしています。

2. **正解：(B) 事業**

彼女は**事業**を拡大した。

英文：She expanded her **business**.

business は動詞 expanded の後ろで動詞の目的語 (O) の働きをしています。

3. **正解：(A) 喜び**

ケイトの目は**喜び**で輝いている。

英文：Kate's eyes are sparkling with **happiness**.

happiness は前置詞 with の後ろで前置詞の目的語 (O) の働きをしています。

4. **正解：(C) 安全**

大切なのはお客様の**安全**です。

英文：The important thing is your **safety**.

safety は is の後ろで補語 (C) の働きをしています。

5. **正解：(B) 助け**

彼はあなたの**助け**を必要としています。

英文：He needs your **help.**

help は needs の後ろで動詞の目的語 (O) の働きをしています。

「名詞」のステージかと思ったら主語だの目的語だの出てきてなんなんだよ。という気持ち、わかります！　とてもわかります！　が、これを押さえずして品詞問題の攻略はないのです。ここでは名詞の働き：主語・動詞の目的語・前置詞の目的語・補語、つまりその働きをする場所にそのまま名詞が置かれている、ということがわかれば OK です。

名詞の働きは4パターン

	働き	例文
1	主語	**動詞の前** Tom's ------- **was** useful.
2	動詞の目的語	**動詞の後ろ** She **expanded** her -------. ポイント 主語と＝にならない I like coffee.（私≠コーヒー）
3	前置詞の目的語	**前置詞の後ろ** I listen to the radio.（私はラジオを聞きます） radio は to の後ろにある！ Kate's eyes are sparkling **with** -------.
4	補語	**動詞の後ろ** The **important** thing is your -------. ポイント 主語と＝になる I am a student.（私＝学生）

名詞（☆）の住所は3パターン

	住所	例
パターン1	動詞の前後	☆動詞 , 動詞☆
パターン2	前置詞の後ろ	with ☆ , on ☆ , at ☆
パターン3	冠詞や所有格の後ろ	a ☆ , an ☆ , the ☆ , your ☆ , Tom's ☆

主語の位置以外はすべて「〜の後ろ」です。いいですか？ 動詞、前置詞、冠詞、所有格の後ろです！「ど・ぜ・か・しょ（どうし、ぜんちし、かんし、しょゆうかく）」の後ろには名詞が入ります。

STEP 2 ▶ 基礎問題で力試し

次の空欄に入るのに適切な語を選んでください。

1. Kate's ------- was informative.
   (A) presently
   (B) presentation

2. We paid for an -------.
   (A) advertisement
   (B) advertise

3. His ------- sells well.
   (A) publication
   (B) publish

4. Phil joined a -------.
   (A) discuss
   (B) discussion

5. Our supervisor accepted the -------.
   (A) responsibility
   (B) responsible

6. That is an -------.
   (A) entrance
   (B) enter
   (C) entered

7. She responded to the -------.
   (A) invited
   (B) inviting
   (C) invitation

8. The ------- is very popular.
   (A) performance
   (B) performative
   (C) perform

9. Thank you for your -------
   (A) to assist
   (B) assistance
   (C) assisted

10. Bob called the -------.
    (A) operate
    (B) operation
    (C) operator

HINT

☐ presently 副 間もなく ☐ advertise 動 ～を広告する ☐ publish 動 ～を出版する
☐ discuss 動 ～を話し合う ☐ responsible 形 責任がある ☐ enter 動 ～に入る、～を持ち込む
☐ respond 動 答える ☐ perform 動 ～を演奏する ☐ assist 動 ～を助ける
☐ operate 動 ～を操作する ☐ operation 名 操作、運転

解答解説

1. **正解：(B) presentation 名 プレゼン**
Kate's ------- was informative.
Kateのプレゼンは有益だった。
所有格 (Kate's) の後ろが空欄→名詞

2. **正解：(A) advertisement 名 広告**
We paid for an -------.
私たちは広告を打った。
冠詞 (an) の後ろが空欄→名詞

3. **正解：(A) publication 名 出版物**
His ------- sells well.
彼の出版物はよく売れる。
所有格 (His) の後ろが空欄→名詞

4. **正解：(B) discussion 名 討論**
Phil joined a -------.
Philは討論に参加した。
冠詞 (a) の後ろが空欄→名詞

5. **正解：(A) responsibility 名 責任**
Our supervisor accepted the -------.
私たちの上司が責任を取った。
冠詞 (the) の後ろが空欄→名詞

6. **正解：(A) entrance 名 入口**
That is an -------.
あちらが入口です。
冠詞 (an) の後ろが空欄→名詞

7. **正解：(C) invitation 名 招待状**
She responded to the -------.
彼女は招待状に返答した。
冠詞 (the) の後ろが空欄→名詞

8. **正解：(A) performance 名 上演**
The ------- is very popular.
その演奏はとても人気がある。
冠詞 (The) の後ろが空欄→名詞

9. **正解：(B) assistance 名 援助**
Thank you for your -------
援助をありがとうございます。
所有格 (your) の後ろが空欄→名詞

10. **正解：(C) operator 名 オペレーター**
Bob called the -------.
Bobはオペレーターに電話を掛けた。
冠詞 (the) の後ろが空欄→名詞と考えて選択肢を見てみると、(B) operation、(C) operatorの両方が名詞です。この場合は意味を考える必要があります。電話を掛ける相手はオペレーターです。

STEP 3 ▶ 実践問題でレベルアップ

空欄の位置に気をつけて解答してください。

1. Ms. Takehara's ------- was very clear during the session.
   (A) explain
   (B) explainable
   (C) explanation
   (D) explained

2. The ------- of the board members is important for new company policies.
   (A) agree
   (B) agreement
   (C) agreeable
   (D) agreeably

3. ------- of Folden Motors must show their ID at the factory entrance.
   (A) Employ
   (B) Employs
   (C) Employed
   (D) Employees

4. The elevator in the building needs -------.
   (A) maintenance
   (B) maintain
   (C) maintainable
   (D) maintains

5. Mr. Twain was chosen for the ------- of the supervisor in the factory.
   (A) replace
   (B) replaceable
   (C) replaced
   (D) replacement

文が長くなって複雑に見えますが、修飾部である前置詞+名詞を（　）に入れて消してみましょう。すると、STEP 1、STEP 2 と同じように解きやすくなります。

解答解説

1. 正解：**(C) explanation 图説明**

Ms. Takehara's ------- was very clear during the session.

(A) explain 動 ～を説明する
(B) explainable 形 説明できる
(D) explained

研修中、Takeharaさんの説明はとても明快だった。

所有格(Takehara's)の後ろが空欄→名詞です。動詞の前の名詞は主語の働きをします。

---

2. 正解：**(B) agreement 图同意**

The ------- (of the board members) is important (for new company policies).

(A) agree 動 同意する
(C) agreeable 形 ふさわしい
(D) agreeably 副 快く

会社の新しい規則には役員たちの同意が重要だ。

冠詞(The)の後ろが空欄→名詞です。動詞の前に入る名詞は主語です。長い主語を見抜くには前置詞＋名詞を（　）に入れて消します。そうすることで問題がSTEP 1,2レベルにシンプルになります。

---

3. 正解：**(D) Employees 图従業員**

------- (of Folden Motors) must show their ID (at the factory entrance).

(A) Employ 動 ～を雇用する
(B) Employs
(C) Employed

Folden社の従業員は工場入口で社員証を提示しなければならない。

2. と同じく前置詞＋名詞を（　）に入れて消します。主語になるのは名詞です。

---

4. 正解：**(A) maintenance 图整備**

The elevator (in the building) needs ------.

(B) maintain 動 ～を維持する
(C) maintainable 形 維持できる
(D) maintains

建物内のエレベーターはメンテナンスが必要です。

needsの後ろが空欄→動詞の目的語で名詞です。メントス買いたいっす(-ce)で終わっている(A)が名詞です。

---

5. 正解：**(D) replacement 图交代要員**

Mr.Twain was chosen for the ------- (of the supervisor) (in the factory).

(A) replace 動 ～を交換する
(B) replaceable 形 取り替えられる
(C) replaced

Twainさんが工場の監督の交代要員として選ばれました。

前置詞＋名詞を（　）に入れる練習がそのまま解答になる問題です。前置詞(for) の後が空欄→名詞で解答します。

STEP 4 ▶ 本番レベルの問題にチャレンジ

いよいよ本番と同じ問題です。

1. The ------- of Merton Outdoor Supply's backpacks makes them popular with hikers and campers.
   (A) durable
   (B) durably
   (C) durative
   (D) durability

2. All food production facilities must undergo ------- by the health department four times a year.
   (A) inspection
   (B) inspecting
   (C) inspected
   (D) inspect

3. ------- for the laboratory assistant position should submit a résumé and cover letter to Dr. Mariposa no later than August 12.
   (A) Applicable
   (B) Apply
   (C) Applied
   (D) Applicants

4. The best entries in the Castleton News photography contest will be chosen for ------- in the newspaper's Sunday Arts section.
   (A) include
   (B) inclusive
   (C) inclusion
   (D) inclusively

5. As the manager of an international project team, Ms. Handel's role requires ------- in communication.
   (A) clear
   (B) clarity
   (C) clarify
   (D) clearly

HINT

□ backpack 名 バックパック　□ hiker 名 登山者　□ facility 名 施設
□ undergo 動 ～を受ける　□ health department 名 保健所　□ laboratory 名 研究所
□ submit 動 ～を提出する　□ cover letter 名 送付状　□ no later than ~　～までに
□ entry 名（コンテストの）出品作　□ international 形 国際的な　□ role 名 役割
□ require 動 ～を要求する

解答解説

1. 正解：**(D) durability 名 耐久性**

The ------- (of Merton Outdoor Supply's backpacks) makes them popular (with hikers and campers).

(A) durable 形 長持ちする
(B) durably 副 丈夫に
(C) durative 形 継続の

Merton Outdoor Supply社のバックパックの耐久性はキャンパーや登山者たちに人気です。

冠詞(The)の後ろが空欄→名詞です。前置詞＋名詞を（　）に入れれば、主語の位置が空いていることがわかります。

---

2. 正解：**(A) inspection 名 検査**

All food production facilities must undergo ------- (by the health department) four times a year.

(B) inspecting　(C) inspected
(D) inspect 動 ～を詳しく調べる

すべての食料生産所は年4回、保健所の検査を受けねばなりません。

主語が長いですが、動詞undergoの後ろ、動詞の目的語の位置に入るのは名詞です。-tionが語尾の(A)が正解です。

---

3. 正解：**(D) Applicants 名 応募者**

------- (for the laboratory assistant position) should submit a résumé and cover letter (to Dr. Mariposa) no later than August 12th.

(A) Applicable 形 適用できる
(B) Apply 動 ～を適用する
(C) Applied

研究所のアシスタントへの応募者は、履歴書と送付状をMariposa博士宛に遅くとも8月12日までに提出すべきです。

動詞の前が空欄で主語→名詞です。複数形のsがついている(D)に注目します。複数形になるのは名詞だけです。

---

4. 正解：**(C) inclusion 名 含まれるもの**

The best entries (in the Castleton News photography contest) will be chosen for ------- (in the newspaper's Sunday Arts section).

(A) include 動 ～を含む
(B) inclusive 形 包括的な
(D) inclusively 副 包括的に

Castleton News写真コンテストの優秀作品は新聞のSunday Artsコーナーに掲載されます。

前置詞(for)の後ろ→名詞です。-sionで終わっている(C)が正解です。

---

5. 正解：**(B) clarity 名 明快さ**

As the manager of an international project team, Ms. Handel's role requires ------- in communication.

(A) clear 形 はっきりした
(C) clarify 動 ～を明らかにする
(D) clearly 副 はっきりと

国際的プロジェクトのマネージャーとして、Handelさんの役割にはコミュニケーションを取る上での明快さが要求されます。

動詞requiresの後ろが空欄で動詞の目的語→名詞です。-tyが語尾の(B)が正解です。

動詞
STAGE 04
このStageのクリア条件 ▶▶動詞問題の意図がわかる

STEP 1-1 ▶ 問題形式と解答へのアプローチ

Point ▶ 動詞の働き：文型・時制を決定する
次の空欄に適切な語を選んでください。

▶例題　Q. 私たちは先月彼らを式典に -------。
(A) 招待　(B) 招待状　(C) 招待している　(D) 招待した

正解は（C）（D）です。「いやいや、答え2個？」と思いますよね。が、意味の上では両方通ります。これを英語にして答えを1つに絞ります。

Q. We ------- them to a ceremony last month.
(A) invite　(B) invitation　(C) inviting　(D) invited

正解は (D) のみ。次の手順で選びます。

①まず主語の後ろが空欄であることをチェック。全ての英文はS＋Vで始まり、主語の次には動詞が来ます。ここで明らかに名詞の面構えをしている (B) は切ります。だって -tion があったら名詞でション？

②次に冒頭の動詞の働きを再確認。「文型・時制を決定する」権限を持つのが動詞です。文末の last month（先月）に注目し、過去の形をしているものを選びます。ここでは語尾が ed の（D）invited だけが時制を決める仕事をしています。

以上から、**動詞を選ぶ時は主語の後ろという「場所」と「時制」の2つの視点が大切になります。**「麺」と「スープ」が揃って初めてラーメンになり、そのスープが味を決めます。スープが「醤油時制」なのか「塩時制」なのかも同時に味わいながら、練習問題を解いてください。

STEP 1-2 ▶ 練習問題でウォーミングアップ

次の空欄に要求された時制の動詞を選んでください。

1. He ---現在形--- at the office on Thursdays.
(A) work (B) works (C) worked (D) working

2. She ---過去形--- her business last month.
(A) expand (B) expanding (C) expanded (D) is expanding

3. Please ---原形--- your password.
(A) enter (B) enters (C) entering (D) entered

4. I ---未来形---- the report tomorrow.
(A) checked (B) to check (C) have checked (D) will check

5. The supervisor ---進行形--- a presentation now.
(A) is giving (B) will give (C) gave (D) to give

解答解説

1. **正解：(B) works**

He **works** at the office on Thursdays.
彼は木曜日にオフィスで働く。

主語がHeで現在形とあるので、3単現のsがついている（B）が正解です。(A) workは原形です。

2. **正解：(C) expanded**

She **expanded** her business last month.
彼女は先月事業を拡大した。

過去形とあるので、edがついている（C）が正解です。

3. **正解：(A) enter**

Please **enter** your password.
あなたのパスワードを入力してください。

原形とあるので、何も変化していない（A）が正解です。

4. **正解：(D) will check**

I **will check** the report tomorrow.
私は明日その報告書を確認します。

文末のtomorrowが未来を表す語です。動詞にwillのついている形を選びます。

5. **正解：(A) is giving**

The supervisor **is giving** a presentation now.
上司が今プレゼンをしているところです。

文末のnowが（C）過去と（B）未来時制を受け付けません。また（D）to giveは不定詞です。不定詞には動詞の働きはできません。

3単現とは、3人称単数現在形の略です。主語が3人称（HeやShe）で、時制が現在形の時、動詞に（e）sがつきます。

動詞の働きは「何が問われているか」が鍵

	問われていること	問題の例
1	動詞がどれかわかる？	I ------- the desks.（私は机を並べる） ×（A）organization　○（B）organize 主語のあとに動詞を入れる問題です。STAGE 02 で覚えた語尾 -en, en-, -ize, -fy, -ate を駆使して解答します。
2	時制がどれかわかる？	I ------- the desks yesterday.（私は昨日机を並べた） ×（A）organize　○（B）organized STEP1-2 練習問題と同じ、文中にある時制を表す語をヒントに解答します。
3	原形になる場合がわかる？	Please ------- the desks.（机を並べてください） ○（A）organize　×（B）organizing 命令文（動詞の原形で始まる）、Please（丁寧な命令文）のあとは動詞を原形にする、という知識で解答します。他にも助動詞の後ろも動詞は必ず原形となります。
4	セットの形を知ってる？	I am ------- the desks now.（私は今机を並べています） ×（A）organize　○（B）organizing be ＋ ~ing で進行形のパターンに当てはめて解答します。進行形の他に、be ＋ p.p. の受動態や have ＋ p.p. の完了形も頻出です。これらを本書ではセット系と呼びます。

ここでは Part 5 に特化した注意点を紹介します。

注意 1 ▶ 動詞もどきでだますパターン

不定詞（To ＋動詞の原形）や動名詞（-ing 形）は動詞もどきで動詞以外の働きをします。**逆に、3 人称の（e)s つき、will などと助動詞つき、また過去形は本物動詞です。**

注意 2 ▶ 受動態の文

Tom uses the desk. のように多くの文では動詞の後ろに目的語が置かれます。一方で受動態の文は、The desk is used (by Tom). のように、目的語が主語の位置に移動するので be ＋ p.p. のセットの後ろには名詞が来ない可能性が高いです。

STEP 2 ▶ 基礎問題で力試し

次の空欄に入るのに適切な語を選んでください。問われているポイントに集中してほしいので、敢えて問題は似た文を使っています。

1. I ------- with his friends.
(A) communication
(B) communicate

2. Kenji ------- with his friends
(A) communicate
(B) communicates

3. Kenji ------- with his friends. yesterday.
(A) communicated
(B) communicates

4. Kenji ------- with his friends next week.
(A) will communicate
(B) to communicate

5. Tom can ------- French.
(A) speak
(B) speaks

6. Tom ------- French now.
(A) speak
(B) is speaking
(C) speaking

7. Tom ------- in France since 2000.
(A) is lived
(B) is living
(C) has lived

8. French ------- in Canada.
(A) is spoken
(B) are speaking
(C) have spoken

9. One of my friends ------- at the office.
(A) are working
(B) work
(C) works

10. Bob ------- the police.
(A) call
(B) calling
(C) called

HINT

□ communication 名 伝達　□ community 名 共同体　□ French 名 フランス語

解答解説

1. **正解：(B) communicate**
I ------- with my friends.
私は友だちと連絡をとる。
主語のあとが空欄→動詞です。

---

2. **正解：(B) communicates**
Kenji ------- with his friends.
Kenjiは友だちと連絡をとる。
主語が3人称なのでsがあるほうが正解。

---

3. **正解：(A) communicated**
Kenji ------- with his friends yesterday.
Kenjiは友だちと連絡をとった。
文末にyesterdayがあるので過去形を選びます。

---

4. **正解：(A) will communicate**
Kenji ------- with his friends next week.
Kenjiは来週友だちに連絡をとる。
文末にnext weekがあるので未来形を選びます。to不定詞は動詞ではありません。

---

5. **正解：(A) speak**
Tom can ------- French.
Tomはフランス語を話すことができる。
canがあるので動詞は原形です。

---

6. **正解：(B) is speaking**
Tom ------- French now.
Tomは今フランス語を話している。
nowがあるから進行形、はまずい考え方です。Tomに対して3人称のsがない→ (A) ×、-ingだけでは動詞ではない→ (C) ×です。

---

7. **正解：(C) has lived**
Tom ------- in France since 2000.
Tomは2000年からフランスに住んでいる。
6.から一転sinceを見つけたら完了形を選んでOKな問題です。

---

8. **正解：(A) is spoken**
French ------- (in Canada).
カナダではフランス語が話されている。
前置詞＋名詞を（　）に入れると名詞が残っていません。(B) (C) はFrenchという単数の形と動詞が一致しません。

---

9. **正解：(C) works**
One (of my friends) ------- (at the office).
友人の1人がそのオフィスで働いている。
主語の修飾を ( ) に入れて消し、単数のOneが残ります。過去や未来を表す言葉はないので、動詞は現在形。3人称単数の形になっている (C) が正解です。

---

10. **正解：(C) called**
Bob ------- the police.
ボブは警察に電話した。
過去を表す言葉はないものの、文法的に誤っていないものは (C)。

STEP 3 ▶ 実践問題でレベルアップ

何が問われているのか考えるだけでOKです。考えた上で解答してください。

1. Last week, Mr. Beamon ------- the sales report to his manager.

(A) submit
(B) will submit
(C) submitted
(D) submitting

2. One of our colleagues ------- a day off today.

(A) having
(B) to have
(C) have
(D) has

3. This lighthouse ------- in the early 19th century.

(A) is building
(B) build
(C) have built
(D) was built

4. The new shop of HAKATA noodles ------- in Seattle next spring.

(A) were opened
(B) will open
(C) opening
(D) to open

5. The product ------- popular among young people for many years.

(A) is being
(B) have been
(C) has been
(D) were been

HINT

☐ colleague 名 同僚　☐ lighthouse 名 灯台　☐ among 前 ～のなかで

解答解説

1. 正解：(C) submitted

Last week, Mr. Beamon ------- the sales report (to his manager).

Beamonさんは先週マネージャーに売上報告を提出した。

Mr. Beamonの右側が空欄なので、動詞を入れます。選択肢は（D）以外が動詞ですが、文頭に過去を表す言葉があるため、過去形を選びます。

---

2. 正解：(D) has

One (of our colleagues) ------- a day off today.

同僚の一人が今日休みをとっています。

colleaguesの複数形に騙されないか、to ~や~ ingの動詞もどきに騙されないかポイントです。3人称単数でtodayなので3単現のsの形、(D) が正解です。

---

3. 正解：(D) was built

This lighthouse ------- (in the early 19th century).

この灯台は19世紀初頭に建てられた。

lighthouseは単数。時制は過去。過去形になっているのは (D) のみです。

---

4. 正解：(B) will open

The new shop (of HAKATA noodles) ------- (in Seattle next spring).

HAKATAヌードルは来春シアトルに新しい店をオープンします。

文末のnext springで未来形です。またto ~や~ingの動詞もどきが切れたかを確認しましょう。willがつくと主語の単複は関係なくなります。

---

5. 正解：(C) has been

The product ------- popular (among young people) (for many years).

その製品は長年若者たちの間で人気です。

for, since, overは現在完了の目印です。productは単数なのでhas beenを選びます。

STEP 4 ▶ 本番レベルの問題にチャレンジ

いよいよ本番と同じ問題です。

1. After getting feedback from her supervisor, Ms. Ryan ------- her report with more specific examples and case studies.
   (A) expansive
   (B) expansively
   (C) expansion
   (D) expanded

2. If you need help with our products, our team of customer service representatives ------- by to support you.
   (A) is standing
   (B) standing
   (C) have stood
   (D) stand

3. Employees ------- asked to use the Norin Street entrance to the building until the renovation work in the lobby is completed.
   (A) is
   (B) are
   (C) be
   (D) was

4. The newest addition to the Lindbergh Hotel chain will be ------- in central Mexico City.
   (A) location
   (B) local
   (C) locally
   (D) located

5. Please ------- off lights in hallways and offices when no one is using them.
   (A) turn
   (B) turning
   (C) turns
   (D) turned

HINT

□ feedback 名 フィードバック、意見　□ specific 形 具体的な　□ example 名 例
□ case study 名 事例研究　□ representative 名 担当者、代表者　※ -ive で終わっていますが名詞です。　□ support 動 ～を助ける　□ employee 名 従業員　□ renovation work 名 改装工事
□ complete 動 ～を完遂する　□ addition 名 追加、増築部分
□ chain 名（ホテルやレストランなどの）チェーン

解答解説

1. **正解：(D) expanded 動 拡大させた**

(After getting feedback) (from her supervisor), Ms. Ryan ------- her report (with more specific examples and case studies).

(A) expansive 形 発展的な

(B) expansively 副 発展的、広々として

(C) expansion 名 拡張

上司からフィードバックをもらったあと、Ryanさんはより多くの詳細な例と事例研究とともに報告書を増補した。

前置詞＋名詞を（　）に入れたあとMs. Ryanのあとが空欄→動詞を入れます。過去を表す語はありませんが、動詞として働けるのは (D) だけです。

---

2. **正解：(A) is standing 動 待機している**

If you need help with our products, our team (of customer service representatives) ------- by to support you.

(A) is standing　(B) standing

(C) have stood　(D) stand

弊社の製品についてご不明な点があれば、カスタマーサポート担当がお客様のお力になれるよう待機しております。

主語はour teamです。動詞は (B) 以外。teamの単数と (C) have (D) stand (sが必要) が合わないため (A) が残ります。

---

3. **正解：(B) are**

Employees ------- asked to use the Norin Street entrance to the building until the renovation work in the lobby is completed.

(A) is　(B) are

(C) be　(D) was

玄関ホールの改装が終わるまで、従業員はNorin Street側の入り口を使ってほしいと言われています。

2. を解いたあとだとこんな簡単でいいの？と思いそうな問題ですね。受動態を作るbe動詞だけが並んでいますが、Employeesと複数なので (B) 一択です。

---

4. **正解：(D) located 動 位置している**

The newest addition to the Lindbergh Hotel chain will be ------- in central Mexico City.

(A) location 名 場所

(B) local 形 地元の

(C) locally 副 地方で

Lindbergh Hotelチェーンの最新の増築部分はメキシコシティの中央部に位置しています。

過去分詞を入れてbe動詞とのセットで受動態を作って完了です。

---

5. **正解：(A) turn**

Please ------- off lights in hallways and offices when no one is using them.

(B) turning　(C) turns　(D) turned

誰も使っていない時は、玄関ホールとオフィスの電気を消してください。

Pleaseの後ろが空欄なので原形が入ります。

形容詞
STAGE
05
このStageのクリア条件 ▶▶ 形容詞の働きがわかる

STEP 1-1 ▶ 問題形式と解答へのアプローチ

Point▶ 形容詞の働き：名詞修飾・補語

次の空欄に適切な語を選んでください。

▶例題

Q1. その店は電化製品を-------価格で販売している。
(A) 手頃な (B) 妥当 (C) 適当に (D) 理由

Q2. そのオフィスからの眺めは-------。
(A) 優秀さ (B) 見事に (C) 優れる (D) 素晴らしい

正解はQ1. (A)、Q2. (D) です。もちろん自然に意味が通るのはこれという考え方で問題ありません。ここでは上記の２題を英語にしてみます。

Q1. The store sells electrical appliances at ------- prices.
(A) reasonable (B) reasonableness (C) reasonably (D) reason

Q2. The view from the office is -------.
(A) excellence (B) excellently (C) excel (D) excellent

正解は同じくQ1. (A) reasonable、Q2. (D) excellentです。STAGEのタイトルで完全にネタバレしていますが、ともに形容詞が正解になっています。STEP 1-2の練習問題ではどこに空欄があるかに注意しつつ、適切な語（英語では形容詞に相当）を選んでください。

STEP 1-2 ▶ 練習問題でウォーミングアップ

次の空欄に適切な語を選んでください。

1. トムは-------腕時計を買った。
(A) 高価　(B) 高価な　(C) 高価に　(D) 高価にする

2. 報告書の提出は-------業務です。
(A) 重要に　(B) 重要性　(C) 重大に　(D) 重要な

3. ミシェルの実演は-------。
(A) 有益だった　(B) 有益　(C) 有益性　(D) 有益に

4. 明日までに全ての仕事を終わらせるのは-------。
(A) 難解さ　(B) 難しい　(C) 難度　(D) 難しく

5. タクマは入賞を-------。
(A) 大胆に　(B) 自信　(C) 確信している　(D) 内密の

解答解説

冒頭の「形容詞の働き：名詞修飾・補語」を確認しながら解説します。結論から言うと名詞に比べて形容詞は超分かりやすいです。

1. **正解：(B) 高価な**
トムは**高価な**腕時計を買った。
英文：Tom bought an **expensive** watch.
expensive は watch（名詞）を修飾しています。なお「修飾」とはちょっと詳しくする、という意味です。例）犬→（ちょっと詳しく）→大きな犬

2. **正解：(D) 重要な**
報告書の提出は**重要な**業務です。
英文：Submitting a report is an **important** task.
important は task（名詞）を修飾しています。

3. **正解：(A) 有益だった**
ミシェルの実演は**有益だった。**
英文：Michelle's demonstration was **informative**.
informative の後ろに名詞はないので、名詞の修飾はしていません。この informative は補語です。補語は主語と＝（イコール）の関係となります。

4. **正解：(B) 難しい**
明日までに全ての仕事を終わらせるのは**難しい。**
英文：Completing all the work by tomorrow is **difficult**.
difficult は同じく補語です。なので、明日までに全仕事を終わらせること＝難しいとなります。

5. **正解：(C) 確信している**
タクマは入賞を**確信している。**
英文：Takuma is **confident** of winning a prize.
「タクマ＝確信状態」にある、を表す補語です。

5. を解いて、「3. と 4. で補語の時は後ろに名詞とかこないって覚えたのに of ～でごちゃごちゃして難しくなってるよー」と思った方、その後ろに名詞がこないって考え方、本当に excellent です。そんな時にこそ STAGE 03 STEP 3 で学んだ「前置詞＋（動）名詞を（　）に入れて消す」を使ってください。Takuma is confident (of winning a prize). にすればわかりやすくなります。

形容詞の働きは名詞修飾か補語の2パターン

	働き	例文
1	名詞修飾	**名詞を修飾するから名詞の前に来る。** I keep a confidential **document**.（私は機密文書を保管しています）
2	補語	**補語は「主語とイコール」(S=C)** **This file** is confidential.（このファイルは社外秘です） このファイル＝社外秘

形容詞 (☆) の住所は2パターン

	住所	例
パターン1	名詞の前	☆名詞 , a ☆名詞 , the ☆名詞
パターン2	「第２文型」を取る動詞の後ろ	be 動詞☆ , become ☆ , sound ☆ , taste ☆ , feel ☆ , look ☆ , appear ☆ , seem ☆ , turn ☆ , stay ☆ , remain ☆

上記の表でのテンションダダ下がりワードは、**「主語とイコール」「第２文型」**でしょう。この２つが抽象的で「むっず」となったかもしれません。ただし主語とイコール関係をつくるような動詞はある程度決まっていて、その動詞がつくる文を第2文型といいます。その代表がbe動詞であり、上記の11個の動詞です。だとしたらそれらを覚えてしまえば「主語とイコール」といったぼんやり概念が「はい、この動詞きた！ 第２文型！ 後ろは補語の形容詞！」に変わります。

「でも、補語って名詞もあったよね？」と思い出せたら完璧！　ただ、TOEICのこれまでの出題例では圧倒的に形容詞が入るパターンが多いです。

STEP 2 ▶ 基礎問題で力試し

次の空欄に入るのに適切な語を選んでください。

1. Mr. Swift bought an ------- car.
   (A) expensively
   (B) expensive

2. We went to a ------- restaurant.
   (A) local
   (B) locate

3. This is a ------- problem.
   (A) serious
   (B) seriously

4. A discount coupon is -------.
   (A) availability
   (B) available

5. Mr. Kato feels -------.
   (A) comfortable
   (B) comfort

6. This is our ------- menu.
   (A) specially
   (B) specialize
   (C) special

7. Please wear this ------- gear in the factory.
   (A) protective
   (B) protect
   (C) protectively

8. Ms. Watanabe is ------- for the project.
   (A) response
   (B) responsible
   (C) responsibly

9. The company hired ------- staff in May.
   (A) additionally
   (B) additional
   (C) addition

10. The app became -------.
   (A) popularity
   (B) population
   (C) popular

解答解説

1. **正解：(B) expensive 形 高価な**
Mr. Swift bought an ------- car.
Swiftさんは高価な車を買った。
carの前が空欄→名詞修飾→形容詞
expensively 副 ぜいたくに

---

2. **正解：(A) local 形 地元の**
We went to a ------- restaurant.
私たちは地元のレストランへ行った。
restaurantの前が空欄→名詞修飾→形容詞
locate 動 ～に位置させる

---

3. **正解：(A) serious 形 重大な**
This is a ------- problem.
これは重大な問題です。
problemの前が空欄→名詞修飾→形容詞
seriously 副 本気で

---

4. **正解：(B) available 形 利用できる**
Discount coupon is -------.
割引クーポンがご利用いただけます。
be動詞の後ろが空欄→補語→形容詞
availability 名 利用できること

---

5. **正解：(A) comfortable 形 快適な**
Mr.Kato feels -------.
Katoさんはくつろいでいる。
feelsの後ろが空欄→補語→形容詞
comfort 名 快適さ

6. **正解：(C) special 形 特別な**
This is our ------- menu.
こちらが当店の特別メニューです。
menuの前が空欄→名詞修飾→形容詞
specially 副 特別に　specialize 動 専門にする

---

7. **正解：(A) protective 形 保護の**
Please wear this ------- gear in the factory.
工場内ではこの防護服を着用ください。
gearの前が空欄→名詞修飾→形容詞
protect 動 ～を保護する　gear 名 服、道具

---

8. **正解：(B) responsible 形 責任のある**
Ms.Watanabe is ------- for the project.
Watanabeさんがプロジェクトの責任者です。
be動詞の後ろが空欄→補語→形容詞
response 名 反応　responsibly 副 責任を持って

---

9. **正解：(B) additional 形 追加の**
The company hired ------- staff in May.
その会社は追加のスタッフを５月に雇った。
staffの前が空欄→名詞修飾→形容詞
additionally 副 さらに　addition 名 追加

---

10. **正解：(C) popular 形 人気がある**
The app became -------.
そのアプリは人気が出た。
feelの後ろが空欄→補語→形容詞なので(C)が正解です。

STEP 3 ▶ 実践問題でレベルアップ

名詞の前、第2文型の動詞のあとに気をつけて解答してください。

1. The city is famous for its ------- building.
   (A) history
   (B) historical
   (C) historically
   (D) historian

2. Mr. Donaldson received some ------- reviews of his new book.
   (A) positiveness
   (B) positively
   (C) positive
   (D) positivism

3. Ms. Foster kept ------- during the meeting.
   (A) silent
   (B) silence
   (C) silently
   (D) silencer

4. Please ensure that your passport is ------- for at least six months.
   (A) validly
   (B) validate
   (C) validity
   (D) valid

5. The ------- transportation system in this city is efficient and reliable.
   (A) public
   (B) publicly
   (C) publicty
   (D) publicize

解答解説

1. 正解：(B) historical 形 歴史の

The city is famous for its ------- building.

(A) history 名 歴史

(C) historically 副 歴史上

(D) historian 名 歴史家

その街は歴史的建造物で有名です。

buildingの前が空欄→名詞修飾→形容詞です。アルアブル〜で(B)が正解です。

---

2. 正解：(C) positive 形 肯定的な

Mr. Donaldson received some ------- review (of his new book).

(A) positiveness 名 積極性

(B) positively 副 きっぱりと

(D) positivism 名 実証主義

Donaldson氏は彼の新刊に対する肯定的なレビューを得た。

reviewの前が空欄→名詞修飾→形容詞です。reviewが名詞であるのはsomeがついていることからもわかります。

---

3. 正解：(A) silent 形 黙って

Ms. Foster kept ------- (during the meeting).

(B) silence 名 静けさ

(C) silently 副 静かに

(D) silencer 名 消音装置

Fosterさんは会議の間ずっと黙ったままだった。

keepの後ろが空欄→補語→形容詞です。keepは後ろに名詞・形容詞ともに置くことができることをkeep in mindして（覚えておいて）ください。

---

4. 正解：(D) valid 形 有効な

Please ensure that your passport is ------- (for at least six months).

(A) validly 副 正当なやり方で

(B) validate 動 〜を証明する

(C) validity 名 効力

あなたのパスポートの有効期間が少なくとも6ヶ月あることを確認してください。

isの後ろが空欄→補語→形容詞と思ったら-al, -able, -ful, -ive, -ic, -ous, -ant, -entがないパターンです。が、名詞・動詞・副詞を消せば形容詞の可能性があるのは(D)だけになります。

---

5. 正解：(A) public 形 公共の

The ------- transportation system in this city is efficient and reliable.

(B) publicly 副 公然と

(C) publicity 名 評判

(D) publicize 動 〜を公表する

この市の公共交通機関は能率が良く、信頼できる。

transportationの前が空欄→名詞修飾→形容詞です。文末にはefficientとreliableの補語がある、形容詞てんこ盛りの問題でした。

STEP 4 ▶ 本番レベルの問題にチャレンジ

いよいよ本番と同じ問題です。

1. Due to ------- weather conditions, the flight from Dubai is expected to arrive in Paris around 20 minutes early.
(A) favor
(B) favorable
(C) favorably
(D) favoring

2. Residential damage from the storm that hit Marin Island last night was found to be -------.
(A) minimum
(B) minimize
(C) minimal
(D) minimally

3. Peruvian folk singer Tatiana Merced's music has recently become ------- in Europe, particularly in Spain and Italy.
(A) popular
(B) popularly
(C) populace
(D) popularizing

4. Electric vehicles saw a ------- increase in sales after gasoline prices rose last year.
(A) sharp
(B) sharply
(C) sharpen
(D) sharpness

5. Mr. Jameson was pleased that his jeans and T-shirt were ------- clothes to wear to the office.
(A) suit
(B) suited
(C) suits
(D) suitable

HINT

□ due to ~ ～が原因で　□ weather 名 天候　□ condition 名 状況
□ be expected to ~ ～すると予想される　□ arrive 動 到着する　□ residential 形 居住地の
□ damage 名 損害　□ storm 名 嵐　□ Peruvian 形 ペルー人の　□ recently 副 最近
□ particularly 副 特に　□ increase 名 増加　□ gasoline 名 ガソリン
□ rise 動 上がる（過去形は rose）

解答解説

1. 正解：(B) favorable 形 好都合な

Due to ------- weather conditions, the flight from Dubai is expected to arrive in Paris around 20 minutes early.

(A) favor 名 好意　(C) favorably 副 好意的に

(D) favoring　favorの -ing形

天候状況が良いため、ドバイ発の便は20分早くパリに着くと予想されている。

weatherの前が空欄→名詞修飾→形容詞です。

---

2. 正解：(C) minimal 形 最も少ない

Residential damage from the storm that hit Marin Island last night was found to be -------.

(A) minimum 名 最小限 形 最小の

(B) minimize 動 最小限にする

(D) minimally 副 最小限に

昨晩Marin島を直撃した嵐による居住地被害は最小限であった。

beの後ろが空欄→補語→形容詞です。

---

3. 正解：(A) popular 形 人気のある

Peruvian folk singer Tatiana Merced's music has recently become ------- (in Europe), (particularly in Spain and Italy).

(B) popularly 副 一般に

(C) populace 名 大衆、民衆

(D) popularizing　popularizeの -ing形

ペルーのフォークシンガー、Tatiana Mercedの音楽は最近ヨーロッパ、特にスペインとイタリアで人気です。

becomeの後ろが空欄→補語→形容詞です。文中に,がある場合、一度文を切って（残りを無視して）考えるとわかりやすいです。

---

4. 正解：(A) sharp 形 急激な

Electric vehicles saw a ------- increase (in sales) after gasoline prices rose last year.

(B) sharply 副 激しく

(C) sharpen 動 ～を鋭くする

(D) sharpness 名 鋭さ

昨年のガソリン値上がり後に電気自動車の売上が急増した。

increaseは動詞で増加する、という意味もありますが、空欄の前に冠詞のaがあるためここでのincreaseは名詞です。

---

5. 正解：(D) suitable 形 適した

Mr. Jameson was pleased that his jeans and T-shirt were ------- clothes to wear to the office.

(A) suit 動 ～に合う

(B) suited　suitの過去形・過去分詞形

(C) suits 名（服の）スーツの複数形

Jamesonさんはジーンズ、Tシャツがオフィスの服装として問題がなかったため嬉しかった。

clothesの前が空欄→名詞修飾→形容詞です。

副詞
STAGE
06
このStageのクリア条件 ▶▶ 副詞の入る場所を把握

STEP 1-1 ▶ 問題形式と解答へのアプローチ

Point▶ 副詞の働き：名詞以外全て修飾、主に動詞を修飾する

次の空欄に適切な語を選んでください。

▶**例題**　Q. 私たちの上司は-------売上報告書を読んでいる。
(A) 入念の　(B) 入念に　(C) 入念　(D) 念入りにする

正解は (B) です。が、意味で考えると「(D) もいけない？」という方がいるかもしれません。それが意味で考えるリスクです。意味で考える、訳して考えると2つのデメリットがあります。1つめは「知らない単語が出た瞬間終了する」、2つめは「いつまでたっても解き方のルーチンが決まらない」ということです。

裏を返せば、「知らない単語があっても解ける」「決まった解き方で問題を秒殺できる」ようになることが本書の価値だと思っています。であれば紙面で「この場合はこう！」と理解してもらうことを目指します。

なぜそんな話をしたか。それは副詞がオールマイティーの活躍をしているからです。つまり、「この場合」が多岐にわたります。品詞をドラえもんのキャラクターに例えるなら、STAGE 04の動詞はドラえもんです。動詞が文型と時制を決めるように、ドラえもんがどんな道具を出すかによってその回の話の展開が決まります。さて、**副詞は誰でしょう。出来杉君です。名詞以外の全てを修飾できるユーティリティーは、出来杉君のキャラそのものです。**が、残念なことに出来杉君、器用すぎて絶対的なポジションが決まっていません。のび太君やジャイアンと違って登場しないことも多々あります。つまり、副詞はなくても文が成立します。修飾語としての働きは超優秀なものの、SVOCのイツメンになれない切なさを持っているのが副詞です。

STEP 1-2 ▶ 練習問題でウォーミングアップ

次の文のうち、語尾が -lyの副詞（なくても通じる語）はどれか選んでください。

1.
(A) WKN Enterprise (B) proudly (C) presents this (D) fantastic show.

2.
(A) Mr. Yamashita will (B) attend the (C) conference (D) remotely.

3.
(A) Finally, the (B) construction of a new (C) parking lot was (D) completed.

4.
The new shopping (A) center is (B) centrally (C) located (D) in the city.

5.
Goldman Stanley (A) is an (B) internationally (C) famous (D) company.

解答解説

非常にeasyな問題です。全て-lyがついているものが正解になります。副詞の存在を明確にし、どの位置に入っているのかを明らかにすることが目的でした。

1. 正解：(B) proudly

(A) WKN Enterprise (B) proudly (C) presents this (D) fantastic show.

WKN社が最高のショーを自信を持ってお届けします。

副詞の働きは「名詞以外全て修飾、主に動詞を修飾する」なので、形容詞→名詞と同じように動詞のすぐ前に置かれます。【副詞はここに①：動詞の前】

2. 正解：(D) remotely

(A) Mr. Yamashita will (B) attend the (C) conference (D) remotely.

山下さんはその集会にリモートで出席します。

「Tomは日本語を流暢に話します」はTom speaks Japanese fluently.です。副詞は修飾専門の準キャラなので、話が終わったあとに文末でそっと修飾しています。【副詞はここに②：文末】

3. 正解：(A) Finally

(A) Finally, the (B) construction of a new (C) parking lot was (D) completed.

ついに、新しい駐車場の建設が完成した。

副詞は文全体も修飾します。英語はわかりやすく,を入れてくれて、文を修飾しますよという合図を出してくれます。【副詞はここに③：文頭】

4. 正解：(B) centrally

The new shopping (A) center is (B) centrally (C) located (D) in the city.

新しいショッピングセンターは市の中心部に位置しています。

副詞は「主に動詞を修飾する」が本職なのでbe＋p.p.のような右も左も動詞の場所が大好物です。【副詞はここに④：セット系の間】

5. 正解：(B) internationally

Goldman Stanley (A) is an (B) internationally (C) famous (D) company.

副詞は「名詞以外全て修飾」の働きもするので、もちろん形容詞も修飾します。【副詞はここに⑤：形容詞の前】

攻略の鍵

副詞（☆）の住所は5パターン

	住所	例
パターン1	動詞の前	☆動詞 I usually take this train. （私はたいていこの電車に乗ります）
パターン2	文末※	文☆ Kate drives her car carefully. （ケイトは慎重に車を運転します）
パターン3	文頭	☆，文 Fortunately, my son was safe. （幸運にも息子は無事だった）
パターン4	セットの形（P. 147参照）の間	be ☆ -ing be ☆ p.p. have ☆ p.p. This song is widely known. （この歌は広く知られている）
パターン5	形容詞の前	☆形容詞＋名詞 This is really delicious ramen. （これは本当に美味しいラーメンです）

※出木杉君キャラの副詞が文末に来るときは、控えめな性格で動詞を修飾します。

1. He responded politely.（彼は礼儀正しく返答した）

2. Kate drives her car carefully.（ケイトは慎重に運転する）

1. では動詞のすぐ後ろから修飾していますが、2. のように動詞の後ろに目的語が置かれる場合は、目的語の後ろから控え目に動詞を修飾しています。これが、副詞が文末に来る理由です。

STEP 2 ▶ 基礎問題で力試し

ややバリエーションの多かった副詞の住所ですが、問題を解きながら入る場所を見ていきましょう。

1. I ------- passed the test.
   (A) final
   (B) finally

2. He will sleep -------.
   (A) deep
   (B) deeply

3. She thanked them -------.
   (A) politely
   (B) polite

4. Ken bought an ------- expensive watch.
   (A) extreme
   (B) extremely

5. Tom has ------- moved here.
   (A) recently
   (B) recent

6. Noel sings songs -------.
   (A) beauty
   (B) beautiful
   (C) beautifully

7. The man ------- answered the call.
   (A) quickly
   (B) quickness
   (C) quick

8. Brian ------- played the guitar.
   (A) elegantly
   (B) elegance
   (C) elegant

9. -------, I don't mind going there.
   (A) Personal
   (B) Personality
   (C) Personally

10. We must take this problem -------.
    (A) serious
    (B) seriously
    (C) seriousness

解答解説

1. 正解：(B) finally 副 ついに

I ------- passed the test.

ついに私はテストに合格した。

動詞の前が空欄で副詞です。

final 形 最後の

---

2. 正解：(B) deeply 副 深く

He will sleep -------.

彼はぐっすり眠るだろう。

動詞の後ろ、文末が空欄で副詞です。

deep 形 深い

---

3. 正解：(A) politely 副 丁寧に

She thanked them -------.

彼女は彼らに丁寧に御礼を言った。

名詞が揃って文末が空欄で副詞です。

polite 形 礼儀正しい

---

4. 正解：(B) extremely 副 非常に

Ken bought an ------- expensive watch.

Ken は非常に高い腕時計を買った。

形容詞の前が空欄で副詞です。

extreme 形 極端な

---

5. 正解：(A) recently 副 最近

Tom has ------- moved here.

Tom は最近ここに越してきた。

(B) recent 形 最近の

has と moved の間が空欄で副詞です。

---

6. 正解：(C) beautifully 副 美しく

Noel sings songs -------.

Noel は美しく歌を歌う。

名詞が揃って文末が空欄で副詞です。

beauty 名 美 / beautiful 形 美しい

---

7. 正解：(A) quickly 副 素早く

The man ------- answered the call.

その男性は素早く電話に出た。

動詞の前が空欄で副詞です。

quickness 名 迅速さ

quick 形 素早い

---

8. 正解：(A) elegantly 副 優雅に

Brian ------- played the guitar.

Brian は優雅にギターを弾いた。

動詞の前が空欄で副詞です。

elegance 名 優美

elegant 形 優雅な

---

9. 正解：(C) Personally 副 個人的に

-------, I don't mind going there.

個人的にはそこに行くのはかまいません。

文頭,が空欄で副詞です。

personal 形 個人の

personality 名 個性

---

10. 正解：(B) seriously 副 深刻に

We must take this problem -------.

我々はこの問題を深く考えねばならない。

名詞が揃って文末が空欄で副詞です。

serious 形 深刻な / seriousness 名 深刻さ

STEP 3 ▶ 実践問題でレベルアップ

副詞の住所を意識しながら解答してください。

1. -------, Ms. Smith teaches in London.
   (A) Current
   (B) Currently
   (C) Currency
   (D) Currents

2. The university campus is ------- located near public transportation.
   (A) conveniently
   (B) convenient
   (C) convenience
   (D) conveniences

3. The airline has ------- introduced a new route connecting two major cities.
   (A) office
   (B) officialize
   (C) officiate
   (D) officially

4. The candidates were ------- presenting their ideas during the job interview.
   (A) confidence
   (B) confident
   (C) confidently
   (D) confide

5. Mr. Lee can communicate ------- with international clients.
   (A) effective
   (B) effectiveness
   (C) effectively
   (D) effect

HINT

□ introduce 動 ～を導入する　□ route 名 航路　□ connect 動 ～をつなぐ
□ major 形 主要な　□ candidate 名 志願者、候補者

解答解説

1.　正解：(B) Currently 副 現在

-------, Ms. Smith teaches in London.

(A) Current 形 現在の
(C) Currency 名 通貨
(D) Currents 名 流れ（の複数形）

現在Smithさんはロンドンで教鞭をとっている。

副詞の住所を確認するだけなので、解説はさっぱりと。文頭,が空欄で副詞です。

2.　正解：(A) conveniently 副 便利に

The university campus is ------- located near public transportation.

(B) convenient 形 便利な
(C) convenience 名 利便性
(D) conveniences 名（複数形）

大学のキャンパスは公共交通機関の近くの便利な場所にあります。

is ------- located はセット系、受動態の間が空いています。副詞です。

3.　正解：(D) officially 副 正式に

The airline has ------- introduced a new route connecting two major cities.

(A) office 名 オフィス
(B) officiate 動 役を務める
(C) official 形 公式の

その航空会社は2つの主要都市をつなぐ航路を正式に導入した。

has ------- introduced はセット系、完了形の間が空いています。副詞です。

4.　正解：(C) confidently 副 自信をもって

The candidates were ------- presenting their ideas during the job interview.

(A) confidence 名 信頼
(B) confident 形 自信を持っている
(D) confide 動 打ち明ける

採用面接の間、志望者たちは自身の考えを堂々と発表していた。

were ------- presenting はセット系、進行形の間が空いています。副詞です。

5.　正解：(C) effectively 副 効果的に

Mr. Lee can communicate ------- (with international clients).

(A) effective 形 効果的な
(B) effectiveness 名 効果
(D) effect 動 ～に影響する

Leeさんは、海外のクライアントともうまくコミュニケーションがとれる。

前置詞＋名詞を消します。動詞の後ろ副詞です。

STEP 4 ▶ 本番レベルの問題にチャレンジ

いよいよ本番と同じ問題です。

1. Facing slow domestic sales, solar panel manufacturers are ------- focusing their marketing efforts abroad.
   (A) increase
   (B) increased
   (C) increasing
   (D) increasingly

2. Dr. Wisenheim, who will lead the workshop on Tuesday, is ------- recognized as an authority on intercultural communication.
   (A) wide
   (B) widely
   (C) widen
   (D) width

3. A number of tenants have ------- complained about the noise made by the stairway door on the eleventh floor.
   (A) repeat
   (B) repeated
   (C) repeatedly
   (D) repetition

4. Sigma Timepiece's modern replica of its classic watch from the 1950s ------- matches the original model.
   (A) close
   (B) closed
   (C) closely
   (D) closing

5. Ms. Ferreira travels ------- in her job as an international workplace safety consultant.
   (A) extend
   (B) extensive
   (C) extensively
   (D) extension

HINT

□ face 動 ～に直面する　□ domestic 形 国内の　□ manufacturer 名 製造者
□ focus 動 ～に注力する　□ effort 名 努力　□ abroad 副 海外で　□ lead 動 ～を先導する、仕切る
□ recognize 動 ～を認識する　□ authority 名 権限、権威　□ intercultural 形 異文化の
□ a number of ～ 多くの～　□ complain 動 不平を言う　□ noise 名 騒音　□ stairway 名 階段
□ match 動 ～に合う　□ workplace safety consultant 名 職場安全コンサルタント

解答解説

1. 正解：(D) increasingly 副 ますます

Facing slow domestic sales, solar panel manufacturers are ------- focusing their marketing efforts abroad.

(A) increase 動 増加する (B) increased
(C) increasing 形 ますます増加する

国内の売上低下に直面し、ソーラーパネルの製造業者は海外マーケティングにますます注力している。

are ------- focusingはセット系、進行形の間が空いています。副詞です。

---

2. 正解：(B) widely 副 広く

Dr. Wisenheim, who will lead the workshop on Tuesday, is ------- recognized as an authority on intercultural communication.

(A) wide 形 幅広い
(C) widen 動 ～を広げる (D) width 名 幅

火曜ワークショップ担当のWisenheim氏は異文化コミュニケーションの権威として広く知られている。

is ------- recognizedはセット系、受動態の間が空いています。副詞です。

---

3. 正解：(C) repeatedly 副 繰り返して

A number of tenants have ------- complained about the noise made by the stairway door on the eleventh floor.

(A) repeat 動 ～を繰り返す
(B) repeated (D) repetition 名 繰り返し

11階の階段ドアの騒音について、多くのテナントから繰り返し苦情が寄せられている。

have ------- complainedで完了形の間が空いています。副詞が入ります。

---

4. 正解：(C) closely 副 精密に

Sigma Timepiece's modern replica (of its classic watch) (from the 1950s) ------- matches the original model.

(A) close 動 ～を閉める 形 近い
(B) closed (D) closing

Sigma Timepiece の1950年代クラシックモデルの腕時計は、当時のモデルと精密に一致している。

主語の修飾を削ぎ落とし、動詞matchesをあぶり出します。動詞の前が空欄で副詞です。

---

5. 正解：(C) extensively 副 あちこちに

Ms. Ferreira travels ------- (in her job) (as an international workplace safety consultant).

(A) extend 動 ～を広げる (B) extensive 形 広範囲の (D) extension 名 内線、延長

Ferreiraさんは国際職場安全コンサルタントとしてあちこちに赴いている。

4.と同じく前置詞＋名詞を消します。動詞の後ろが空欄で副詞が入ります。

前置詞
STAGE
07
このStageのクリア条件 ▶▶ 前置詞と接続詞を分ける

STEP 1-1 ▶ 問題形式と解答へのアプローチ

Point ▶ 前置詞の働き：名詞とセットになり、形容詞または副詞句を作る

次の空欄に適切な語を選んでください。

▶例題
Q. 注文頂いた商品は2営業日 ------- 発送します。
(A) 以内に　(B) 以来　(C) が原因で　(D) している間

正解は (A) です。たぶんほかは不自然だから、という理由で意味が通る (A) を選びましたよね。この問題を英語にすると次のような問題になります。

Q. Your order will be shipped ------- two business days.
(A) within　(B) since　(C) due to　(D) while

なんか一気に難しくなった気がしませんか。その難しさの原因はおそらく次の3点です。
①どれが前置詞でどれが接続詞かわからない、②選択肢の中に知らない単語がある、③前置詞に苦手意識がある

ここではTOEICというゲームに勝つことに絞り（瑞々しい英語感覚とか捨てて）、上の状況（現状）のゴールをこう設定します。
①前置詞・接続詞をはっきり分ける、②頻出のものは覚える、③問題を解いてパターンを把握

では、練習問題で①から攻略していきましょう。

STEP 1-2 ▶ 練習問題でウォーミングアップ

次の下線部の語句は（A）前置詞　（B）接続詞　のどちらか選んでください。

1. Ms. Sejima lives <u>in</u> Yokohama.
（A）前置詞　　（B）接続詞

2. <u>When</u> I was young, I'd listen to the radio.
（A）前置詞　　（B）接続詞

3. The flight was delayed <u>due to</u> the bad weather.
（A）前置詞　　（B）接続詞

4. Nicole was tired <u>because</u> she worked so hard.
（A）前置詞　　（B）接続詞

5. We must finish this work <u>by</u> tomorrow.
（A）前置詞　　（B）接続詞

今僕たちが持っているカードは過去のSTAGEから「名詞」「主語+動詞はわかる」とします。ここから、名詞の前にあれば前置詞・「S + V（主語+動詞）」の前にあれば接続詞として、意味はわからなくてOKなので前置詞 or 接続詞を選んでください。

解答解説

「これくらいならわかるわ」と思えたら、その感覚を大切にしてください。わかっていること＝手持ちのカードです。そのカードを増やしていくことがこのSTAGEの目的です。

1. **正解：(A) 前置詞**

Ms. Sejima lives in Yokohama.
Sejimaさんは横浜に住んでいる。
Yokohamaは名詞です。名詞の前にあるinは前置詞です。

2. **正解：(B) 接続詞**

When I was young, I'd listen to the radio.
若い頃、私はよくラジオを聞いていました。
I was とS＋Vがあるので When は接続詞です。

3. **正解：(A) 前置詞**

The flight was delayed due to the bad weather.
悪天候ため、その便は遅れた。
due toの意味は（今は）知らなくてもOKです。the bad weatherが名詞だから前置詞だという品詞分けまで行けることが、この問題の目的です。

4. **正解：(B) 接続詞**

Nicole was tired because she had worked so hard.
Nicoleはとても一生懸命に働いたので疲れていた。
She worked とS＋Vがあるので、because は接続詞です。

5. **正解：(A) 前置詞**

We must finish this work by tomorrow.
私たちは明日までにこの仕事を終えなければならない。
tomorrowは名詞です。名詞の前にあるbyは前置詞です。

前置詞と接続詞の見分け方

	空欄の後	例文
パターン 1	------- S + V	接続詞が入る！ When I was young, I'd listen to the radio. (I = S, was = V)
パターン 2	------- 名詞	前置詞が入る！ The flight was delayed due to the bad weather. (weather = 名詞) ※「なんか weather が 1 語だけじゃなくてややこしいんだよなー」と思った人は動詞の有無を確認してください

【TOEIC に出る前置詞】

見たことはあるけど、こう出るから確認しておきたい群

① **as** ～として　as a manager 部長として
② **because of** ～が原因で　because of the heavy snow fall 大雪が原因で
③ **among** (3 つ以上)の間で　among young people 若者たちの間で
④ **instead of** ～の代わりに　instead of a taxi タクシーの代わりに
⑤ **under**　～中で　under construction 建設中

初めて見るかもしれないので、前置詞ということと意味を確認したい群

① **despite** ～にもかかわらず　despite rainy skies 雨天にもかかわらず
② **instead of** ～の代わりに　instead of Monday 月曜の代わりに
③ **due to** ～のために　due to the sudden illness 急病のため
④ **owing to** ～のために　owing to the rising costs 値上げのため
⑤ **besides** ～のほかに　besides the cleaning products 掃除用具のほかに

もちろん、出題例のある前置詞はこの限りではありません。問題を解いて前置詞に出合いながら、出題パターンに慣れていきましょう。

STEP 2 ▶ 基礎問題で力試し

1. ～5.　空欄に前置詞と接続詞のどちらが入るかを選んでください。
6. ～10.　空欄に適切な語を選んでください。前置詞と接続詞を分ける感覚を磨きたいので、選択肢は2つになっています。

1. I had some cake ------- chocolates.
(A) 前置詞
(B) 接続詞

2. ------- his illness, John couldn't attend the meeting.
(A) 前置詞
(B) 接続詞

3. This elevator is out of service ------- maintenance.
(A) 前置詞
(B) 接続詞

4. ------- the traffic jam, Jane arrived at the meeting on time.
(A) 前置詞
(B) 接続詞

5. Daniel works at the company ------- a receptionist.
(A) 前置詞
(B) 接続詞

6. I had some cake ------- chocolates.
(A) besides
(B) if

7. ------- his illness, John couldn't attend the meeting.
(A) Because
(B) Owing to

8. This elevator is out of service ------- maintenance.
(A) due to
(B) unless

9. ------- the traffic jam, Jane arrived at the meeting on time.
(A) Despite
(B) Until

10. Daniel works at the company ------- a receptionist.
(A) since
(B) as

解答解説

1. ～ 5. の和訳は6. ～ 10. を参照してください。

1.　正解：(A) 前置詞

I had some cake ------- chocolates.

chocolatesはsの複数形になっていることからも名詞です。名詞の前→前置詞です。

2.　正解：(A) 前置詞

------- his illness, John couldn't attend the meeting.

illnessは語尾がnessで名詞です。名詞の前→前置詞です。

3.　正解：(A) 前置詞

This elevator is out of service ------- maintenance.

maintenanceは語尾がceで名詞です。名詞の前→前置詞です。

4.　正解：(A) 前置詞

------- the traffic jam, Jane arrived at the meeting on time.

traffic jamはtheがあるので名詞です。名詞の前→前置詞です。

traffic jam 名 交通渋滞

5.　正解：(A) 前置詞

Daniel works at the company ------- a receptionist.

receptionistはaがあるので名詞です。名詞の前→前置詞です。

receptionist 名 受付係

6.　正解：(A) besides 前 ～のほかに

I had some cake ------- chocolates.

私はチョコレートのほかにケーキも食べた。

if（もし～ならば）は接続詞です。

7.　正解：(B) Owing to 前 ～のために

------- his illness, John couldn't attend the meeting.

病気のため、Johnは会議に出られなかった。

Because（～なので）は接続詞です。

8.　正解：(A) due to 前 ～のために

This elevator is out of service ------- maintenance.

メンテナンスのため、エレベーターは利用できません。

unless（～でない限り）は接続詞です。

9.　正解：(A) Despite 前 ～にもかかわらず

------- the traffic jam, Jane arrived at the meeting on time.

渋滞にもかかわらず、Janeは会議に時間どおりに到着した。

until（～まで）には前置詞、接続詞の用法がありますが、意味が通りません。

10.　正解：(B) as 前 ～として

Daniel works at the company ------- a receptionist.

Danielは受付係としてその会社に勤務している。

sinceは前置詞　(～以来)、接続詞（～なので）の用法がありますが、意味が通りません。

STAGE 07

STEP 3 ▶ 実践問題でレベルアップ

次の空欄に入るのに適切な語を選んでください。

1. John always finds time to exercise ------- his busy schedule.
   (A) unless
   (B) despite
   (C) although
   (D) whereas

2. The store closed early ------- the heavy rain.
   (A) however
   (B) while
   (C) even if
   (D) because of

3. Mr. Kato worked ------- an English teacher for our school for fourteen years.
   (A) as
   (B) during
   (C) once
   (D) but

4. The flight was delayed ------- technical difficulties with the aircraft.
   (A) unless
   (B) once
   (C) due to
   (D) in case

5. The hotel offers free Wi-Fi ------- complimentary breakfast to its guests.
   (A) besides
   (B) when
   (C) either
   (D) whether

1つだけ注意です。意味を知らない選択肢は選ばないでください。

HINT

□ technical difficulties 名 機械トラブル　□ aircraft 名 飛行機　□ complimentary 形 無料の

解答解説

1. 正解：(B) despite 前 ～にもかかわらず

John always finds time to exercise ------- his busy schedule.

(A) unless 接 ～でない限り

(C) although 接 ～だけれども

(D) whereas 接 ～する一方で

多忙にもかかわらず、Johnはいつも時間を作って運動している。

scheduleは名詞です。前置詞は（B）だけです。接続詞はSTAGE 08で扱います。

---

2. 正解：(D) because of 前 ～が原因で

The store closed early ------- the heavy rain.

(A) however 接 しかしながら

(B) while 接 ～する間

(C) even if 接 たとえ～でも

その店は豪雨のため早く店じまいした。

the heavy rainは名詞です。前置詞は（D）だけです。toもofも前置詞ですよね。owing toもbecause ofも同じことです。だからeven ifはifと同じで接続詞です。

---

3. 正解：(A) as 前 ～として

Mr. Kato worked ------- an English teacher (for our school) (for fourteen years).

(B) during 前 ～の間

(C) once 接 一度～すると

(D) but 接 しかし

Katoさんは本学で14年間英語教員として働いた。

an English teacherは名詞です。前置詞として使えるのは（A）（B）ですが、duringは後ろに期間がきます。

---

4. 正解：(C) due to 前 ～のために

The flight was delayed ------- technical difficulties with the aircraft.

(A) unless 接 ～でない限り

(B) once 接 一度～すると

(D) in case 接（もし）～の場合には

その便は飛行機の機械トラブルのため遅れた。

technical difficultiesは名詞です。前置詞として使えるのは（C）のみです。

---

5. 正解：(A) besides 前 ～のほかに

The hotel offers free Wi-Fi ------- complimentary breakfast (to its guests).

(B) when 接 ～する時

(C) either （解説参照）

(D) whether 接 ～だろうと、～かどうか

そのホテルは宿泊客にフリーWi-Fiのほか、無料の朝食も提供している。

complimentary breakfastは名詞です。前置詞として使えるのは（A）のみ。eitherはeither A or Bの形で「AかBのどちらか」で覚えてください。

STEP 4 ▶ 本番レベルの問題にチャレンジ

次の空欄に入るのに適切な語を選んでください。

1. Sales of domestic olive oil remain strong ------- growing competition from overseas producers.
(A) unless
(B) whereas
(C) although
(D) despite

2. Norton Electronics has high expectations for its new compact rechargeable vacuum cleaner ------- the previous model's success.
(A) even if
(B) because of
(C) while
(D) however

3. ------- office manager, Ms. Sato is in charge of ensuring that the alarm system is properly set each evening.
(A) As
(B) Yet
(C) During
(D) Once

4. Shipments from Medford Technologies were delayed ------- the bad weather last week.
(A) unless
(B) once
(C) in case
(D) due to

5. ------- its well-known line of household cleaning products, GPI Corporation also produces solvents used in manufacturing.
(A) When
(B) Besides
(C) Whether
(D) Either

HINT

□ remain 動 ～のままである　□ competition 名 競争　□ overseas 形 海外の
□ producer 名 生産者　□ expectation 名 予想、期待　□ rechargeable 形 充電可能な
□ vacuum cleaner 名 掃除機　□ previous 形 前の　□ properly 副 適切に　□ solvent 名 溶剤
□ ensure 動 ～ということを確実にする

解答解説

1. 正解：(D) despite 前 〜にもかかわらず

Sales (of domestic olive oil) remain strong ------- growing competition from overseas producers.

(A) unless 接 〜でない限り　(B) whereas 接 〜する一方で　(C) although 接 〜だけれども

海外生産者との競争が激化しているにもかかわらず国産のオリーブオイルの売上は依然として優位にある。

growingが形容詞としてcompetition（名詞）を修飾しています。前置詞は(D)だけです。

---

2. 正解：(B) because of 前 〜が原因で

Norton Electronics has high expectations for its new compact rechargeable vacuum cleaner ------- the previous model's success.

(A) even if 接 たとえ〜でも　(C) while 接 〜する間　(D) however 接 しかしながら

前モデルが成功したため、Norton Electronicsは新しい充電式コンパクト掃除機に強く期待している。

空欄後のthe previous model's successは長いですが、successは名詞です。前置詞は(B)だけです。

---

3. 正解：(A) As 前 〜として

------- office manager, Ms. Sato is in charge of ensuring that the alarm system is properly set each evening.

(B) Yet 接 しかし　(C) During 前 〜の間

(D) Once 接 一度〜すると

部長として、Satoさんはアラームシステムが毎夕きちんとセットされているよう確認する業務を担当している。

office managerは名詞です。前置詞の働きができるのは(A)と(C)です。

STAGE 07

---

4. 正解：(D) due to 前 〜のため

Shipments from Medford Technologies were delayed ------- the bad weather last week.

(A) unless 接 〜でない限り　(B) once 接 一度〜すると　(C) in case 接（もし）〜の場合には

先週、悪天候のためMedford Technologies社からの配送が遅れた。

the bad weatherは名詞です。前置詞は(D)だけです。

---

5. 正解：(B) Besides 前 〜のほかに

------- its well-known line (of household cleaning products), GPI Corporation also produces solvents used in manufacturing.

(A) When 接 〜する時

(C) Whether 接 〜だろうと、〜かどうか

(D) Either either A or B「AかBのどちらか」

GPI社は広く認知されている清掃用具のほか、製造業で使用される溶剤も生産している。

, の前で考えましょう。空欄の後ろはlineで名詞のみ。前置詞は(B)だけです。

接続詞
STAGE
08
このStageのクリア条件 ▶▶ 接続詞の意味がわかる

STEP 1-1 ▶ 問題形式と解答へのアプローチ

Point ▶ 前置詞の働き：同じ品詞をつなぐ、後ろにS＋Vが続く

次の空欄に適切な語を選んでください。

▶例題　Q. 部屋を出る ------- オフィスの電気を消してください。
(A) 以内に (B) のために (C) 中で (D) 前に

正解は (D) です。この問題を英語にすると次のような問題になります。

Q. Please turn off the lights in this room ------- you leave.
(A) within (B) due to (C) under (D) before

ここでやることはSTAGE 07と全く同じです。
①空欄の後ろを確認し、
②後ろが名詞だけ or S＋Vがある　を確認します。
今回は ------- you leave とS＋Vがあるので接続詞が入ります。(A) (B) (C) は前置詞です。文法的に正解は (D) だけになります。前STAGEで述べたように**「頻出のものは覚える」をきちんと実践したかどうかが物を言う単元です。**
STAGE 07, 08で紹介している前置詞・接続詞はメジャー且つ頻出のものばかりです。だから出てきた語は「○○は前置詞/接続詞で『△△△』」という意味」といった形で必ず覚えてください。ではSTAGE 07と同じように、まず前置詞か接続詞かをはっきりさせる練習から始めます。

STEP 1-2 ▶ 練習問題でウォーミングアップ

次の下線部の語は (A) 前置詞　(B) 接続詞　のどちらか選んでください。

1. Please turn off your mobile phone <u>as soon as</u> the movie starts.
(A) 前置詞　　(B) 接続詞

2. Mr. Clapton visited Italy <u>during</u> his vacation.
(A) 前置詞　　(B) 接続詞

3. The store is closed today <u>because</u> it's a national holiday.
(A) 前置詞　　(B) 接続詞

4. <u>Although</u> Nicole was tired, she finished writing up a sales report.
(A) 前置詞　　(B) 接続詞

5. <u>Besides</u> English, she speaks Spanish fluently.
(A) 前置詞　　(B) 接続詞

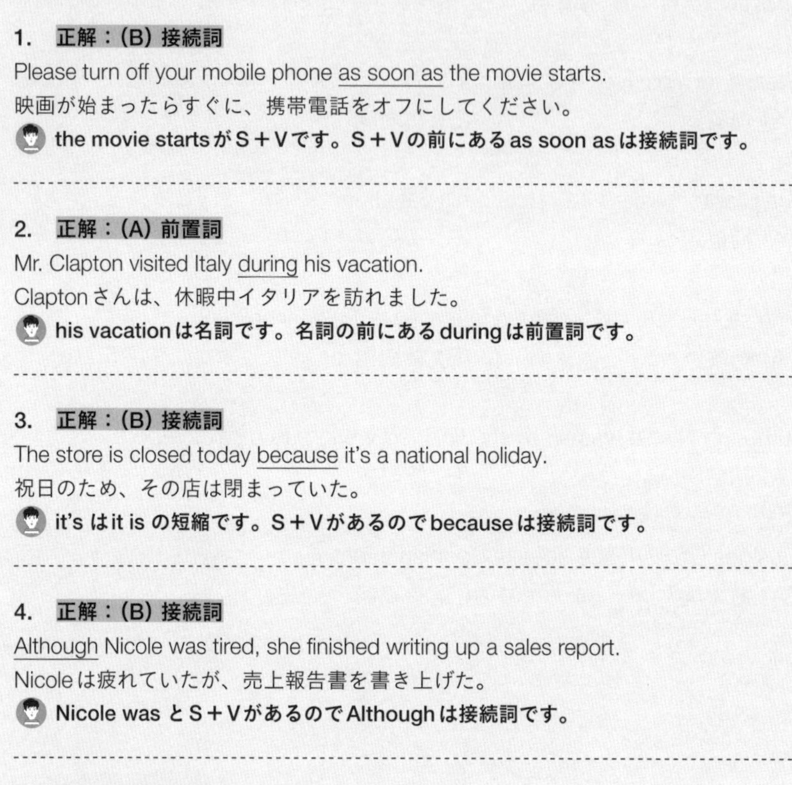

解答解説

1.　正解：(B) 接続詞

Please turn off your mobile phone as soon as the movie starts.

映画が始まったらすぐに、携帯電話をオフにしてください。

the movie startsがS＋Vです。S＋Vの前にあるas soon asは接続詞です。

2.　正解：(A) 前置詞

Mr. Clapton visited Italy during his vacation.

Claptonさんは、休暇中イタリアを訪れました。

his vacationは名詞です。名詞の前にあるduringは前置詞です。

3.　正解：(B) 接続詞

The store is closed today because it's a national holiday.

祝日のため、その店は閉まっていた。

it's はit is の短縮です。S＋Vがあるのでbecauseは接続詞です。

4.　正解：(B) 接続詞

Although Nicole was tired, she finished writing up a sales report.

Nicoleは疲れていたが、売上報告書を書き上げた。

Nicole was とS＋VがあるのでAlthoughは接続詞です。

5.　正解：(A) 前置詞

Besides English, she speaks Spanish fluently.

英語のほかに、彼女はスペイン語を流暢に話す。

,までで区切って考えます。Englishは名詞、その前にあるBesidesは前置詞です。

接続詞と前置詞の見分け方

	空欄の後	例文
パターン 1	------- S + V	接続詞が入る！ When I was young, I'd listen to the radio. (I = S, was = V) ※ I was を確認した瞬間に、選択肢は接続詞以外を切るつもりで OK です。
パターン 2	------- 名詞	前置詞が入る！ The flight was delayed due to the bad weather. (the bad weather = 名詞)

【TOEIC に出る接続詞】

見たことはあるけど、こう出るから確認しておきたい群

① **while** ～の間に　while you're out あなたが外出している間に
② **since** ～なので　since は理由を表す接続詞としても登場。
③ **as** ～なので　as は理由を表す接続詞としても登場。
④ **because** ～なので　because of と分けてください。
⑤ **if** もし～ならば　if it rains もし雨が降ったら

初めて見るかもしれないので、接続詞ということと意味を確認したい群

① **although, though** ～だけれども　いわゆる逆接のつなぎをします。
② **unless** ～でない限り　unless you get up early 早起きしない限り
③ **until** ～まで　前置詞と接続詞の両方の働きをもっています。
④ **as soon as** ～するとすぐに as soon as I arrive 私が着いたらすぐに
⑤ **once** 一度～すると　once you see Kate Kate に会ったら

出題例のある接続詞はこの限りではありません。問題に当たりながら接続詞を覚えていきましょう。

STEP 2 ▶ 基礎問題で力試し

1. ～5.　空欄に前置詞と接続詞のどちらが入るかを選んでください。
6. ～10.　空欄に適切な語を選んでください。

1. I stay here ------- the rain stops.
(A) 前置詞
(B) 接続詞

2. John is learning French ------- he wants to travel to France.
(A) 前置詞
(B) 接続詞

3. ------- you press the red button, the machine will stop.
(A) 前置詞
(B) 接続詞

4. ------- you have a reservation, you won't be able to stay at the hotel.
(A) 前置詞
(B) 接続詞

5. Lisa often listens to the radio ------- she drives to work in the morning.
(A) 前置詞
(B) 接続詞

6. I stay here ------- the rain stops.
(A) until
(B) between

7. John is learning French ------- he wants to travel to France.
(A) because of
(B) because

8. ------- you press the red button, the machine will stop.
(A) If
(B) During

9. ------- you have a reservation, you won't be able to stay at the hotel.
(A) Besides
(B) Unless

10. Lisa often listens to the radio ------- she drives to work in the morning.
(A) while
(B) owing to

解答解説

1. ～5. の和訳は6. ～10. を参照してください。どの問題でも空欄の後ろに注目します。

1.　正解：(B) 接続詞

I stay here ------- the rain stops.

the rain (S) stops (V) →接続詞です。

2.　正解：(B) 接続詞

John is learning French ------- he wants to travel to France.

he (S) wants (V) →接続詞です。

3.　正解：(B) 接続詞

------- you press the red button, the machine will stop.

you (S) press (V) →接続詞です。

4.　正解：(B) 接続詞

------- you have a reservation, you won't be able to stay at the hotel.

you (S) have (V) →接続詞です。

5.　正解：(B) 接続詞

Lisa often listens to the radio ------- she drives to work in the morning.

she (S) drives (V) →接続詞です。

6.　正解：(A) until 圏～まで

I stay here ------- the rain stops.

雨がやむまでここにいます。

between（～の間で）は前置詞です。

7.　正解：(B) because 圏～なので

John is learning French ------- he wants to travel to France.

フランスを旅行したいので、Johnはフランス語を勉強している。

because of（～が原因で）は前置詞です。

8.　正解：(A) If 圏もし～ならば

------- you press the red button, the machine will stop.

赤いボタンを押したら機械は止まります。

During（～の間）は前置詞です。

9.　正解：(B) Unless 圏～でない限り

------- you have a reservation, you won't be able to stay at the hotel.

予約がない限りホテルは滞在できません。

Besides（～のほかに）は前置詞です。

10.　正解：(A) while 圏～の間に

Lisa often listens to the radio ------- she drives to work in the morning.

Lisaは朝、職場まで運転している間、よくラジオを聞く。

owing to（～のために）は前置詞です。

STEP 3 ▶ 実践問題でレベルアップ

次の空欄に入るのに適切な語を選んでください。

1. The restaurant was closed ------- the chef was sick.
(A) by
(B) because
(C) owing to
(D) without

2. ------- it rains, we will have a picnic in the park tomorrow.
(A) Unless
(B) Because of
(C) Within
(D) Of

3. Sales have increased ------- the new advertising campaign was successful.
(A) from
(B) due to
(C) since
(D) among

4. Please ask the tutor ------- you have any questions about this lesson.
(A) by
(B) until
(C) if
(D) owing to

5. ------- the team was working on the project, they received positive feedback from their supervisor.
(A) Despite
(B) Between
(C) Instead of
(D) While

解答解説

1. 正解：(B) because 接〜なので

The restaurant was closed ------- the chef was sick.

(A) by 前〜までに
(C) owing to 前〜のために
(D) without 前〜なしで

シェフが体調不良で、レストランは閉まっていた。

the chef (S) was (V) →接続詞です。ほかは全て前置詞のため、入りません。

---

2. 正解：(A) Unless 接〜でない限り

------- it rains, we will have a picnic in the park tomorrow.

(B) Because of 前〜が原因で
(C) Within 前〜以内に
(D) Of 前〜の

雨が降らない限り、明日公園でピクニックをします。

it (S) rains (V) →接続詞です。ほかは全て前置詞のため、入りません。

---

3. 正解：(C) since 接〜なので

Sales have increased ------- the new advertising campaign was successful.

(A) from 前〜から
(B) due to 前〜のために
(D) among 前（3つ以上）の間で

新規広告キャンペーンが成功したので、売上が上がった。

the new advertising campaign (S) was (V) →接続詞です。ほかは全て前置詞のため、入りません。(B) を「お！意味的に通じる」と思った人は、品詞と意味の両方を意識してください。

---

4. 正解：(C) if 接もし〜ならば

Please ask the tutor ------- you have any question about this lesson.

(A) by 前〜までに
(B) until 前接〜まで
(D) owing to 前〜のために

この授業について質問があれば、チューターに聞いてください。

you (S) have (V) →接続詞です。(B) の until も接続詞の働きがありますが、「質問があるまでチューターに聞いて」では意味がおかしくなります。

---

5. 正解：(D) While 接〜の間に

------- the team was working on the project, they received positive feedback from their supervisor.

(A) Despite 前〜にもかかわらず
(B) Between 前（2つ）の間で
(C) Instead of 前〜の代わりに

チームがこのプロジェクトに着手している間、彼らは上司から前向きなフィードバックを受け取っていた。

the team (S) was working (V) →接続詞です。他は全て前置詞のため入りません。

STEP 4 ▶ 本番レベルの問題にチャレンジ

いよいよ本番と同じ問題です。

1. Most employees working on the second floor use the stairs ------- it takes too long waiting for the elevator.
(A) although
(B) because
(C) among
(D) within

2. Ferry service across Kennewick Bay will be suspended today ------- the weather improves significantly by 5 a.m.
(A) within
(B) because of
(C) following
(D) unless

3. ------- the bus was late, the passengers had to wait at the bus stop for an extra 30 minutes.
(A) From
(B) Since
(C) Without
(D) Among

4. A late fee of $35 will be charged to the user's credit card ------- the rental equipment is not returned by 5 p.m.
(A) if
(B) until
(C) by
(D) with

5. Mr. Chin's feedback was extremely helpful ------- the production team was developing the prototype.
(A) across
(B) between
(C) while
(D) of

前置詞、接続詞のSTAGE 07, STAGE 08は大変だったかもしれません。お疲れ様でした。でもやることは空欄の後ろを見て選ぶという点で同じです。あとは一つ一つボキャブラリーを増やしていくだけです。さあ、残り2 STAGEです。

HINT

□ stairs 名 階段　□ suspend 動（～を）一時停止する　□ improve 動 良くなる、回復する
□ significantly 副 顕著に　□ passenger 名 乗客　□ extra 形 追加の
□ charge 動 ～を請求する　□ equipment 名 機器　□ return 動 ～を戻す
□ develop 動 ～を開発する　□ prototype 名 試作品

解答解説

1. 正解：(B) because 接〜なので

Most employees working on the second floor use the stairs ------- it takes too long waiting for the elevator.

(A) although 接〜だけれども

(C) among 前（3つ以上）の間で

(D) within 前〜以内に

エレベーターを待つのは時間がかかりすぎるので、2階で働く従業員のほとんどは階段を使う。

it (S) takes (V) →接続詞です。ほかは全て前置詞のため入りません。

---

2. 正解：(D) unless 接〜でない限り

Ferry service across Kennewick Bay will be suspended today ------- the weather improves significantly by 5 a.m.

(A) within 前〜以内に

(B) because of 前〜が原因で

(C) following 前〜に続いて

Kennewick Bayのフェリー運行は午前5時までに天候が大幅に回復することがない限り、一時停止します。

the weather (S) improves (V) →接続詞です。他は全て前置詞のため入りません。正解以外の選択肢も覚えていきましょう。特に (C)。

---

3. 正解：(B) Since 接〜なので

------- the bus was late, the passengers had to wait at the bus stop for an extra 30 minutes.

(A) From 前〜から

(C) Without 前〜なしで

(D) Among 前（3つ以上）の間で

バスが遅れていたので、乗客たちはもう30分バス停で待たざるを得なかった。

the bus (S) was (V) →接続詞です。ほかは全て前置詞のため、入りません。

---

4. 正解：(A) if 接もし〜ならば

A late fee of $35 will be charged to the user's credit card ------- the rental equipment is not returned by 5 p.m.

(B) until 前接〜まで

(C) by 前〜までに

(D) with 前〜といっしょに

もし5時までに貸出備品が返却されなければ、クレジットカードに延滞料金35ドルが請求されます。

the rental equipment (S) is (V) →接続詞です。(B) は接続詞の用法もありますが、意味が通りません。(C)(D) は共に前置詞です。

---

5. 正解：(C) while 接〜の間に

Mr. Chin's feedback was extremely helpful ------- the production team was developing the prototype.

(A) across 前〜を横切って

(B) between 前〜の間で

(D) of 前〜の

生産部が試作品を開発している間、Chinさんのフィードバックは非常に役立った。

the production team (S) was (V) →接続詞です。他は全て前置詞のため、入りません。

総合演習 1
STAGE
09
このStageのクリア条件 ▶▶ 時短系問題がわかる

STEP 1-1 ▶ 問題形式と解答へのアプローチ

Point ▶ 知っていれば解ける問題を秒殺

次の空欄に適切な語を選んでください。

▶例題

Q. Parkerさんは、英語 ------- 日本語も話す。
(A) しかし (B) だけでなく (C) あるいは (D) のどちらか

正解は (B)。後半の「も」が (C) (D) を不正解にしています。英語にするとこの「も」が正解へ直結するケースがあります。早速見てみましょう。

Q. Ms. Parker speaks not ------- English but also Japanese.
(A) both (B) only (C) whether (D) if

この問題は、「not only A but also B（AだけでなくBも）」という表現を知っていれば速攻で正解を選ぶことができます。「そんなうまい具合に知っている表現が出ることなんてあるのかな？　俺、高校の時『Next Stage』サボりまくってたんだよね」という人もいるかもしれません。が、**TOEICの出題例を見ると、出題される表現は決まっていて、それを知っていれば数秒で正解を選ぶことができます。**例えば、not only A but also Bであれば、「not ------- A but also B」や「not only A but ------ B」などヒントになる語が近所にあるので、比較的容易に解答することができます。

STEP 1-2 ▶ 練習問題でウォーミングアップ

次の下線部を表すのに適切な表現を選んでください。

1. Jane はプログラミングとグラフィックデザインの両方を学んでいる。
   (A) both A and B　　(B) either A or B

2. Sarah も Janet も辛い食べ物は好きではない。
   (A) not only A but also B　　(B) neither A nor B

3. 明日雪が降るか降らないかはわかりません。
   (A) whether A or B　　(B) not only A but also B

4. 在宅で仕事をするか、オフィスに来るかのどちらかを選べます。
   (A) either A or B　　(B) both A and B

5. そのレストランは美味しい食事だけでなく、種類豊富なワインも提供している。
   (A) neither A nor B　　(B) not only A but also B

解答解説

1. 正解：(A) both A and B　AとBの両方

Jane studies **both** programming **and** graphic design.

Janeはプログラミングとグラフィックデザインの両方を学んでいる。

both A and B　「AとBの両方」

2.　正解：(B) neither A nor B　AもBも～でない

Neither Sarah **nor** Janet likes spicy food.

SarahもJanetも辛い食べ物は好きではない。

neither A nor B　「AもBも～でない」

3.　正解：(A) whether A or B　AかBか

I don't know **whether** it will rain **or** not tomorrow.

明日雨が降るか降らないかはわかりません。

whether A or B「AかBか」

4.　正解：(A) either A or B　AかBのどちらか

You can choose to **either** work from home **or** come to the office.

在宅で仕事をするか、オフィスに来るかのどちらかを選べます。

either A or B「AかBのどちらか」

5.　正解：(B) not only A but also B　AだけでなくBも

The restaurant **not only** serves delicious food **but also** offers a wide variety of wine.

そのレストランは美味しい食事だけでなく、種類豊富なワインも提供している。

not only A but also B「AだけでなくBも」

攻略の鍵

秒殺問題は必ずヒントがある

「知っていれば解ける」のパターンは次の２パターンです。

【相関接続詞】

① **both A and B**　　　　AとBの両方
② **either A or B**　　　　AかBのどちらか
③ **neither A nor B**　　　AもBも～でない
④ **whether A or B**　　　AかBか
⑤ **not only A but also B**　AだけでなくBも

問題ではA,B以外のどこか（①ならbothかand）が空欄になります。**eitherとwhetherは似てるからor。neitherはeither,orの先頭にnをつけただけ**、と覚えてください。また⑤のalsoは省略されることもあります。このalsoは出来杉君（副詞）です。

【比較】

① **原級**　as 原級 as
② **比較級**　-er / more . . . than
③ **最上級**　-est / (the) most . . . (in/of)

相関接続詞の解き方と比較のそれはよく似ています。空欄付近にbothがあったら選択肢でandを探しにいくように、**空欄の後ろにthanがあったら選択肢でerまたはmoreを探します。**また、最上級は「～の中で一番」といった範囲指定があります。「このクラス一番のイケメン」というように、どこで一番かを述べるのです。形としては、**「in 場所や範囲」「of the ＋数（複数）」「all ＋複数名詞」が基本です。**この範囲指定を最上級のヒントとして利用しましょう。

つまり、空欄前後のヒントをもとにすぐ解答できるパターンがあるため、相関接続詞と同様に、知っていれば解ける問題となります。

STEP 2 ▶ 基礎問題で力試し

空欄に適切な語を選んでください。

1. I study ------- English and Spanish.
   (A) either
   (B) both

2. Please take either a blue ------- a red pen .
   (A) or
   (B) nor

3. The hotel has ------- a pool nor a gym.
   (A) either
   (B) neither

4. Sarah is not only a pianist ------- also a singer.
   (A) and
   (B) but

5. I don't know whether Jack will come ------- not.
   (A) or
   (B) and

6. I am as ------- as Tom.
   (A) old
   (B) older

7. Ted is ------- than I.
   (A) tallest
   (B) taller

8. This song is the ------- song in Australia.
   (A) more popular
   (B) most popular

9. August is the ------- month of the year for us.
   (A) busiest
   (B) busier

10. This book is ------- than that one.
    (A) more interesting
    (B) the most interesting

解答解説

1.～5.の和訳は6.～10.を参照してください。どの問題でも空欄の後ろに注目します。

1.　正解：(B) both

I study ------- English and Spanish.

私は英語とスペイン語の両方を勉強します。

both A and B で即解答します。

2.　正解：(A) or

Please take either a blue ------- a red pen.

青か赤のどちらかのペンとってください。

either A or B で即解答します。

3.　正解：(B) neither

The hotel has ------- a pool nor a gym.

そのホテルにはプールもジムもない。

neither A nor Bで即解答します。

4.　正解：(B) but

Sarah is not only a pianist ------- also a singer.

Sarahはピアニストであるだけでなく、歌手でもある。

not only A but alsoで即解答します。

5.　正解：(A) or

I don't know whether Jack will come ------- not.

Jackが来るかどうか私はわからない。

whether A or Bで即解答します。

6.　正解：(A) old 原級

I am as ------- as Tom.

私はTomと同い年です。

as に挟まれている時は原級（そのままの形）が入ります。

7.　正解：(B) taller 比較級

Ted is ------- than I.

Tedは私より背が高い。

thanがあるため-erの比較級が入ります。

8.　正解：(B) most popular 最上級

This song is the ------- song in Australia.

この歌はオーストラリアで一番人気がある。

theがあること、後ろに範囲を表すinがあるので、最上級が入ります。

9.　正解：(A) busiest 最上級

August is the ------- season for us in a year.

8月は私たちにとって一番忙しい季節だ。

空欄前にtheがあり、文末に範囲を表すinがあります。最上級です。

10.　正解：(A) more interesting 比較級

This book is ------- than that one.

この本はあの本よりおもしろい。

thanがあるため比較級です。

STEP 3 ▶ 実践問題でレベルアップ

空欄付近のヒントを拾って解答してください。

1. The conference focused on ------- a marketing strategy but also leadership.
   (A) even if
   (B) whether
   (C) not only
   (D) according to

2. The concert tickets are available ------- online or at the box office.
   (A) either
   (B) both
   (C) neither
   (D) but

3. Susan is fluent in both German ------- French.
   (A) but
   (B) nor
   (C) or
   (D) and

4. The restaurant offers neither vegetarian ------- vegan options on its menu.
   (A) and
   (B) or
   (C) nor
   (D) but

5. The exam was as ------- as James expected it to be.
   (A) more difficult
   (B) difficult
   (C) different
   (D) most difficult

HINT

☐ strategy 名 戦略　☐ box office 名 チケット売り場　☐ fluent 形 流暢な
☐ vegetarian 形 菜食の　☐ vegan 形 ビーガンの　☐ expect 動 ～を予想する

解答解説

1.　正解：(C) not only

The conference focused on ------- a marketing strategy but also leadership.

(A) even if 接 たとえ～でも
(B) whether 接 ～かどうか
(D) according to 前 ～によると

その集会ではマーケティング戦略だけでなく、リーダーシップについても扱われた。

but alsoに注目し (C) を即決です。

2.　正解：(A) either

The concert tickets are available ------- online or at the box office.

(B) both (A and B) 副 (AとBの) 両方
(C) neither (A nor B) 副 (AもBも) ～でない
(D) but 接 しかし

コンサートのチケットはオンラインかチケット売り場のどちらかで入手可能です。

orとセットになるのは (A) だけです。

3.　正解：(D) and

Susan is fluent in both German ------- French.

(A) but 接 しかし
(B) nor 接 ～もまたない
(C) or 接 あるいは

Susanはドイツ語とフランス語の両方を流暢に話す。

bothに注目し (D) を選びます。

4.　正解：(C) nor

The restaurant offers neither vegetarian ------- vegan options on its menu.

(A) and 接 ～と
(B) or 接 あるいは
(D) but 接 しかし

そのレストランはベジタリアンの食事もビーガンの食事もメニューにない。

neitherがあるのでn付きの (C) です。

5.　正解：(B) difficult

The exam was as ------- as James expected it to be.

(A) more difficult　比較級
(C) different 形 違った
(D) most difficult　最上級

そのテストはJamesが予想していたのと同じくらい難しかった。

as – asに挟まれているので原級です。

STEP 4 ▶ 本番レベルの問題にチャレンジ

いよいよ本番と同じ問題です。

1. Modern optical character recognition technology is not only fast ------- also very accurate.
   (A) and
   (B) but
   (C) while
   (D) though

2. Like all of Mitsuwa's appliances, the MG110 food processor comes with ------- English and Japanese operating manuals.
   (A) over
   (B) either
   (C) also
   (D) both

3. The self-serve registers at ZippyMart accept either credit cards ------- electronic money as payment, but not cash.
   (A) also
   (B) other
   (C) or
   (D) both

4. Due to previous commitments, neither Mr. Burns ------- Ms. Whatley will be available to conduct interviews next week.
   (A) and
   (B) but
   (C) nor
   (D) yet

5. A Car Consult representative can help you decide ------- buying or leasing a vehicle is best for your needs and budget.
   (A) whether
   (B) both
   (C) neither
   (D) unless

このタイプが出たら正解は当たり前でいかに高速に選ぶかです。では、最後のSTAGEへ向かいましょう。

HINT

□ optical character recognition 名 光学式文字認識　□ accurate 形 正確な
□ appliance 名 電化製品　□ operating manual 名 取り扱い説明書　□ register 名 レジ
□ cash 名 現金　□ commitment 名 約束　□ leasing 名 リースすること

解答解説

1. **正解：(B) but**

Modern optical character recognition technology is not only fast ------- also very accurate.

(A) and 接 ～と　(C) while 接 ～の間に

(D) though 接 ～ではあるが

現代の光学式文字認識技術は高速なだけでなく、非常に正確です。

not onlyがあるため、(B) を選びます。

---

2. **正解：(D) both**

Like all of Mitsuwa's appliances, the MG110 food processor comes with ------- English and Japanese operating manuals.

(A) over 前 ～以上にわたって

(B) either (A or B) 接 AかBのどちらか

(C) also 副 ～もまた

Mitsuwaのほかの家電製品と同様、MG110 フードプロセッサーには英語と日本語の両方の取扱説明書が付属している。

空欄後のandに注目しboth A and Bの形を作ります。

---

3. **正解：(C) or**

The self-serve registers at ZippyMart accept either credit cards ------- electronic money as payment, but not cash.

(A) also 副 ～もまた　(B) other 形 ほかの

(D) both (A and B) 副 (AとBの) 両方

ZippyMartのセルフレジでは、クレジットカードまたは電子マネーでのお支払いが可能ですが、現金はご利用いただけません。

credit card前のeitherに注目します。

---

4. **正解：(C) nor**

Due to previous commitments, neither Mr. Burns ------- Ms. Whatley will be available to conduct interviews next week.

(A) and 接 ～と　(B) but 接 しかし

(D) yet 副 (否定文で) まだ

以前の約束により、バーンズ氏もワットリー氏も来週はインタビューに参加できません。

neitherがヒント。orにnをつけて(C) です。

---

5. **正解：(A) whether**

A Car Consult representative can help you decide ------- buying or leasing a vehicle is best for your needs and budget.

(B) both (A and B) 副 (AとBの) 両方

(C) neither 接 どちらも～ない

(D) unless 接 ～でない限り

Car Consult の担当者は、お客様のニーズと予算に合わせて車両の購入とリースのどちらが最適であるかを判断するお手伝いをいたします。

orを見て、選択肢を見てeitherがないことを確認して (A) です。

総合演習2
STAGE
10
このStageのクリア条件
選択肢を見る前に解く

STEP 1-1 ▶ 問題形式と解答のアプローチ

Point ▶ 空欄から文へ視野を広げ、何が要求されているかを見抜く

次の空欄に適切な語を選んでください。

▶例題
Q. Kantas Airではお客様に -------機内食をご用意しております。
(A) ☆ (B) ☆ (C) ☆ (D) ☆

正解は現段階ではわかりません。このSTAGEで身につけてほしいことは、選択肢を見る前に正解を絞ることです。解答するのに適切な思考回路を選んでください。

Q. Kantas Airではお客様に -------機内食をご用意しております。
(A) 文の真ん中が空いているってことはSVOみたいな感じで動詞入れよう
(B)「お客様に」のあとが空欄、このあとはサービスします的な語かな
(C) 機内食の前が空欄、機内食は名詞、名詞を修飾する形容詞だ
(D) 機内食だから「おいしい」って単語が入りそう、それだ

正解は (C) です。(C) にはここまでに学習した考えが詰まっています。空欄のあとの品詞を確定させ、空欄に何が入るべきかを考えているからです。TOEICの問題で正解を選ぶ人は100% これを実施しています。

TOEICは「タイムマネジメントが鍵」と言われるテストです。そして時間が足らなくなる最たる原因は「迷っている」時間です。であれば、考えの整理整頓をしておき、「あれでもないこれでもないあわわわわ」の状態を、「空を自由に飛びたいですと？ ハイ、タケコプター！」と秒で提示できるように変えれば良いだけです。

STEP 1-2 ▶ 練習問題でウォーミングアップ

次の空欄に入る品詞は (A)(B) のどちらか、選んでください。

1. 主語の位置が -------
(A) 名詞　　(B) 副詞

2. 名詞の前が -------
(A) 名詞　　(B) 形容詞

3. 目的語の位置が -------
(A) 名詞　　(B) 動詞

4. ------- の後ろにＳ＋Ｖ
(A) 前置詞　　(B) 接続詞

5. 前置詞の後ろが -------
(A) 名詞　　(B) 接続詞

解答解説

1. 正解：(A) 名詞

主語の位置に入るのは名詞のみです (STAGE 03参照)。

Renovations will be completed by the end of this month.

改装は今月末までに終わるはずです。

2. 正解：(B) 形容詞

動詞か、名詞修飾の形容詞が来ます。選択肢に動詞はないため形容詞が正解です。

We offer a **competitive** salary.

他社に**ひけをとらない**給料を支給します。

3. 正解：(A) 名詞

目的語の位置に入るのは名詞のみです (STAGE 03参照)。

We must make a **decision** on this right now.

これについては今すぐ**決定**しなければならない。

4. 正解：(B) 接続詞

後ろにSVが続いていたら接続詞です (STAGE 08参照)。

While this camera is made in Japan, it sells well in Korea.

このカメラは日本製**ですが**、韓国でよく売れています。

5. 正解：(A) 名詞

前置詞の後ろに入るのは名詞のみです (STAGE 03/07参照)。

Mr. Suzuki is recognized **as** a leader in this department.

Suzukiさんはこの部署のリーダー**として**認められている。

選択肢を見る前に空欄に入る品詞を決める

問題文に目を通した段階で「空欄に入る品詞はこれ！」と決めてから解くことで、not only 解答の精度 but also スピードを上げることができます。

その「ここにはこれ！」をまとめたものが下の図の文型です。文型はたった 3 品詞で成り立っています。これら 3 品詞の置かれる位置は明確に決まっていて、英文は次の配置で構成されます。

【メインの品詞】 絶対に必要・SVOC を作る

文のイツメン・・・名詞（STAGE 03）・動詞（STAGE 04）・形容詞（STAGE 05）

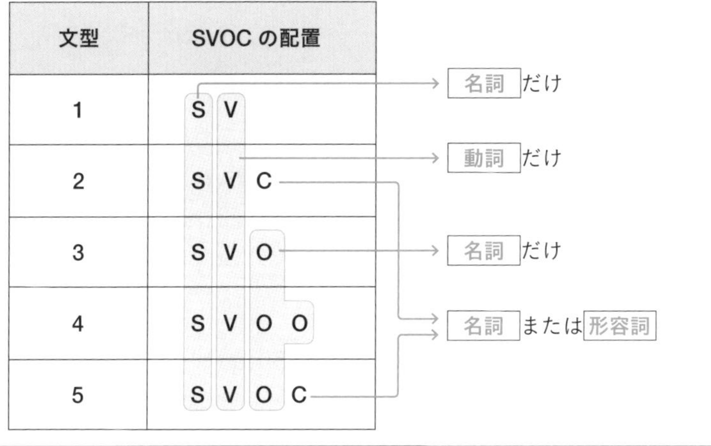

文型	SVOC の配置
1	S V
2	S V C
3	S V O
4	S V O O
5	S V O C

一方、それ以外は全て修飾語です。副詞に代表される「なきゃないでいい」やつです。

【修飾の品詞】 SVOC にならない・文の情報を盛る

サブキャラ・・・**副詞**（STAGE 06）・**前置詞**（STAGE 07）・**接続詞**（STAGE 08）

上記に STAGE 09 の相関接続詞と比較を加えれば、Part 5 で正解できる問題は本書を読む前とは比べものにならないくらい増えているはずです。STAGE 03 ～ 09 までは、その単元ごとの品詞が集中して出ましたが、当然本番ではランダムに出てきます。その時も選択肢を見ずに問題に解答しましょう。

STEP 2 ▶ 基礎問題で力試し

1. ～5.　空欄に入る品詞を選んでください。
6. ～10.　空欄に入る適切な語を選んでください。

1. Mr. Kira ------- the sales result.
(A) 名詞
(B) 動詞

2. ------- is closed today.
(A) 動詞
(B) 名詞

3. -------, Lyla left the company.
(A) 副詞
(B) 前置詞

4. Susan is ------- arranging the meeting room.
(A) 接続詞
(B) 副詞

5. The restaurant was crowded due to a special -------.
(A) 動詞
(B) 名詞

6. Mr. Kira ------- the sales result.
(A) satisfaction
(B) was satisfied with
(C) satisfying

7. ------- is closed today.
(A) Enter
(B) The entrance
(C) Entrancingly

8. -------, Lyla left the company.
(A) Surprisingly
(B) Surprise
(C) Surprised

9. Susan is ------- arranging the meeting room.
(A) quicken
(B) quick
(C) quickly

10. The restaurant was crowded due to a special -------.
(A) promote
(B) promotion
(C) promoters

解答解説

1. **正解：(B) 動詞**

主語のあと、目的語の前に来るものは動詞です。SVOは第3文型で、英文中最も多い文型です。

2. **正解：(B) 名詞**

主語になれる品詞は名詞だけです。

3. **正解：(A) 副詞**

文頭,は副詞と覚えていたあなたは偉い！ SVOが揃っているから入るのは副詞だけ、とも考えられたら素晴らしいです。

4. **正解：(B) 副詞**

セット系の間で副詞です。

5. **正解：(B) 名詞**

SVCだろうが、SVOだろうが前置詞の後ろは名詞です。

6. **正解：(B) was satisfied with**

Kiraさんは売上結果に満足した。

動詞の位置なので (A) satisfactionは名詞で×、(C) satisfyingは動詞もどきです。

7. **正解：(B) The entrance 名 入口**

入口は今日閉まっている。

主語の位置なので (B) のみ正解。(A) は動詞、(C) は「うっとりとさせて」の意味の副詞です。

8. **正解：(A) Surprisingly 副 驚いたことに**

驚いたことに、Lylaは会社を去った。

文の先頭,は副詞で-lyの (A) を即答。(B) は動詞、(C) は形容詞で「驚いた」です。

9. **正解：(C) quickly 副 急いで**

Susanは急いで会議室を準備している。

動詞の間には副詞の (C) を入れます。

10. **正解：(B) promotion 名 プロモーション**

特別なプロモーションで、レストランは混んでいた。

形容詞のあとなので名詞のみ入ります。(A) は動詞。(C) は名詞ですが複数形のsがaと矛盾します。

STEP 3 ▶ 実践問題でレベルアップ

選択肢を見る前に、どの品詞が入るかを予想した上で解答しましょう。

1. Ms. Nishida was satisfied with her ------- last week.
(A) promote
(B) promotional
(C) promotion
(D) promotive

2. The employee's customer service performance was -------.
(A) impressively
(B) impression
(C) impress
(D) impressive

3. The supervisor is ------- checking the progress of the team's project.
(A) closely
(B) close
(C) closed
(D) closeness

4. The company headquarters will ------- to a new building next month.
(A) relocation
(B) relocate
(C) relocating
(D) relocated

5. The ------- will be posted on the company's Web site.
(A) inform
(B) informative
(C) informatively
(D) information

1. と 5. の問題は STAGE 02 の STEP 4 での出題を少し変えたものです。STAGE 02 では空欄に入れる品詞を明記していましたが、これを自分で選べるようになっていたら、成長している証拠です。

□ progress 图 進行　□ headquarters 图 本社

解答解説

1.　正解：(C) promotion 名 昇進

Ms. Nishida was satisfied with her ------- last week.

(A) promote 動 ～を奨励する
(B) promotional 形 促進の
(D) promotive 形 促進する

Nishidaさんは先週自身の昇進に満足した。

前置詞、所有格の後ろで名詞が正解です。

2.　正解：(D) impressive 形 印象的だった

The employee's customer service performance was -------.

(A) impressively 副 印象的に
(B) impression 名 印象
(C) impress 動 感心させる

その従業員のカスタマーサービス対応は印象的だった。

be動詞の後ろが空欄で、その後ろに何もないため形容詞が入ります。

3.　正解：(A) closely 副 丁寧に

The supervisor is ------- checking the progress of the team's project.

(B) close 動 ～を閉める 形 近い
(C) closed 閉まった
(D) closeness 名 親密さ

上司はチームのプロジェクト進捗状況を丁寧に確認している。

be＋-ingの間が空いています。副詞です。

4.　正解：(B) relocate 動 移転する

The company headquarters will ------- to a new building next month.

(A) relocation 名 移転
(C) relocating
(D) relocated

その会社の本社は来月、新しいビルに移転する。

headquartersが主語で、後ろに来るのは動詞です。willの後ろで原形が正解です。

5.　正解：(D) information 名 情報

The ------- will be posted on the company's website.

(A) inform 動 ～に情報を知らせる
(B) informative 形 有益な
(C) informatively 副 有益な方法で

その情報は会社のウェブサイトに載る予定です。

will beの前、つまり主語の位置です。主語になれる名詞を選びます。

STEP 4 ▶ 本番レベルの問題にチャレンジ

いよいよ本番と同じ問題です。

1. Ms. Jian's proposal includes an ------- of revenue sources over the next five years.
(A) outline
(B) outlines
(C) outlined
(D) outlining

2. Following a thorough search, Piltdown Industries' board of directors ------- Carol Henning as its new chief executive.
(A) selection
(B) selected
(C) selective
(D) selectively

3. Berenson Cookware's pots and pans are the preferred choice of professional chefs ------- their durability and high quality.
(A) within
(B) because
(C) due to
(D) as soon as

4. The Boston branch's performance is ------- improving now that Ms. Knowles has taken over as manager.
(A) quick
(B) quickly
(C) quickening
(D) quickened

5. The Belleton Art Museum has announced that it will be closed for ------- from May 2 to May 10.
(A) renovate
(B) renovated
(C) renovating
(D) renovation

500問にも及ぶ演習、お疲れ様でした。確実に力はついているはずです！取り組んだ自分を褒めてあげてください！

HINT

□ proposal 名 提案　□ revenue source 名 収入源　□ thorough 形 徹底した
□ search 名 調査　□ board of directors 名 役員会　□ chief executive 名 最高経営責任者
□ preferred 形 好ましい　□ take over 引き継ぐ　□ now that（今や）～なので

解答解説

1. **正解：(A) outline　概要**
Ms. Jian's proposal includes an ------- (of revenue sources) (over the next five years).
(B) outlines　(C) outlined 動 ～を述べる
(D) outlining

Jianさんの提案には、今後5年間の収入源の概要が含まれている。

Ms. Jian's proposal→S, includes→Vです。SVOと選択肢を見ずに予想してanの後ろで名詞に決まります。

---

2. **正解：(B) selected　～を選んだ**
Following a thorough search, Piltdown Industries' board (of directors) ------- Carol Henning (as its new chief executive).
(A) selection 名 選抜　(C) selective 形 選択的な　(D) selectively 副 選択的に

徹底した調査ののち、Piltdown Industries社の役員会は、Carol Henningを最高経営責任者として選んだ。

Piltdown Industries' board → S -------で主語の後ろの動詞がありません。動詞は (B) のみです。

---

3. **正解：(C) due to　～のため**
Berenson Cookware's pots and pans are the preferred choice of professional chefs ------- their durability and high quality.
(A) within 前 ～以内に　(B) because 接 ～なので　(D) as soon as 接 ～するとすぐに

Berenson Cookwareの鍋とフライパンは、その耐久性と高品質によりプロのシェフに選ばれている。

空欄後の their durabilityは名詞です。名詞の前が空欄で前置詞を選びます。(A) は「耐久性と高品質以内に」となり意味が通りません。

---

4. **正解：(B) quickly 素早く**
The Boston branch's performance is ------- improving now that Ms. Knowles has taken over as manager.
(A) quick 形 速い
(C) quickening 動 quicken「速くする」-ing形
(D) quickened 動 quicken「速くする」過去形

Boston支社の業績は、Knowlesさんが部長を引き継いだ今、急速に改善している。

セット系の間で副詞だ！という考えが選択肢を見る前にできていればバッチリです。

---

5. **正解：(D) renovation 改装**
The Belleton Art Museum has announced that it will be closed for ------- (from May 2 to May 10).
(A) renovate 動 ～を改装する
(B) renovated　(C) renovating

Belleton Art Museumは、改装のため5月2日～5月10日まで閉館すると発表した。

forが前置詞なので名詞を選びます。

column

文法STAGEをクリアした人へ

僕には個人的に英語力が上がった、と感じられた瞬間が2つあります。1つ目は中3の夏、「整理と研究」という学校で配布された問題集を繰り返した時です。部活を引退後、塾に行くことになり「他校のバスケ部の奴らがいたらどうしよう。ついていけなかったらダサいな」と、恥をかかないための勉強を始めました。「整理と研究」は簡単な解説のあとに問題がA問題、B問題に分かれていて、特にA問題の基礎を繰り返しました。

2つ目は浪人時代です。高校時代の英語の授業は「チャート式」の例文をひたすら暗唱させる、というものでした。効果がある方法だとは思うのですが、当時の僕にその勤勉さはありませんでした。一方、浪人中に出会った薬袋善郎先生は品詞の働きを一つひとつ説明し、英文の構造を明らかにされていました。膨大な英文を暗記するという方法よりも、英文中の動詞や主語を徹底して理解するという方法は自分に合っていた気がします。実際に高校時代は黒板を写しているだけだったSVOCが、自分の力で判断できるようになりました。品詞や文構造がわかると、今まで暗号が羅列されているかに見えた英文が、意味ある順序になっていることがわかり、スラスラと読めるようになったのです。

僕が本書でやろうとしたことは、この2つをかけ合わせることです。「整理と研究」のようにミニ講義で品詞の働きを理解し、基礎演習を繰り返す。問題は中学生レベルから、TOEIC本番レベルまで段階的に250問を配置しています。僕はA問題だけでしたが、あなたはSTEP 4まで挑戦されたはずです。

品詞の理解はのちのPart 6,7で要求される英文読解にも不可欠ですが、あなたにはその基礎がもう備わっています。コラム1で紹介した公式問題集に挑戦される際も、品詞の理解が役立っていることにきっと気づくでしょう。

リスニング STAGE STEP 1 練習問題 解答用紙

STAGE 01				STAGE 02				STAGE 03			STAGE 04			STAGE 05			
No.	ANSWER			No.	ANSWER			No.	ANSWER		No.	ANSWER		No.	ANSWER		
	A	B	C		A	B	C		A	B		A	B		A	B	C
1	Ⓐ	Ⓑ	Ⓒ	1	Ⓐ	Ⓑ	Ⓒ	1	Ⓐ	Ⓑ	1	Ⓐ	Ⓑ	1	Ⓐ	Ⓑ	Ⓒ
2	Ⓐ	Ⓑ	Ⓒ	2	Ⓐ	Ⓑ	Ⓒ	2	Ⓐ	Ⓑ	2	Ⓐ	Ⓑ	2	Ⓐ	Ⓑ	Ⓒ
3	Ⓐ	Ⓑ	Ⓒ	3	Ⓐ	Ⓑ	Ⓒ	3	Ⓐ	Ⓑ	3	Ⓐ	Ⓑ	3	Ⓐ	Ⓑ	Ⓒ
4	Ⓐ	Ⓑ	Ⓒ	4	Ⓐ	Ⓑ	Ⓒ	4	Ⓐ	Ⓑ	4	Ⓐ	Ⓑ	4	Ⓐ	Ⓑ	Ⓒ
5	Ⓐ	Ⓑ	Ⓒ	5	Ⓐ	Ⓑ	Ⓒ	5	Ⓐ	Ⓑ	5	Ⓐ	Ⓑ	5	Ⓐ	Ⓑ	Ⓒ

STAGE 06				STAGE 07				STAGE 08				STAGE 09			STAGE 10			
No.	ANSWER			No.	ANSWER			No.	ANSWER			No.	ANSWER		No.	ANSWER		
	A	B	C		A	B	C		A	B	C		A	B		A	B	C
1	Ⓐ	Ⓑ	Ⓒ	1	Ⓐ	Ⓑ	Ⓒ	1	Ⓐ	Ⓑ	Ⓒ	1	Ⓐ	Ⓑ	1	Ⓐ	Ⓑ	Ⓒ
2	Ⓐ	Ⓑ	Ⓒ	2	Ⓐ	Ⓑ	Ⓒ	2	Ⓐ	Ⓑ	Ⓒ	2	Ⓐ	Ⓑ	2	Ⓐ	Ⓑ	Ⓒ
3	Ⓐ	Ⓑ	Ⓒ	3	Ⓐ	Ⓑ	Ⓒ	3	Ⓐ	Ⓑ	Ⓒ	3	Ⓐ	Ⓑ	3	Ⓐ	Ⓑ	Ⓒ
4	Ⓐ	Ⓑ	Ⓒ	4	Ⓐ	Ⓑ	Ⓒ	4	Ⓐ	Ⓑ	Ⓒ	4	Ⓐ	Ⓑ	4	Ⓐ	Ⓑ	Ⓒ
5	Ⓐ	Ⓑ	Ⓒ	5	Ⓐ	Ⓑ	Ⓒ	5	Ⓐ	Ⓑ	Ⓒ	5	Ⓐ	Ⓑ	5	Ⓐ	Ⓑ	Ⓒ

リスニング STAGE STEP 2 基礎問題 解答用紙

STAGE 01

No.	ANSWER			
	A	B	C	D
1	Ⓐ	Ⓑ	Ⓒ	Ⓓ
2	Ⓐ	Ⓑ	Ⓒ	Ⓓ
3	Ⓐ	Ⓑ	Ⓒ	Ⓓ
4	Ⓐ	Ⓑ	Ⓒ	Ⓓ
5	Ⓐ	Ⓑ	Ⓒ	Ⓓ
6	Ⓐ	Ⓑ	Ⓒ	Ⓓ
7	Ⓐ	Ⓑ	Ⓒ	Ⓓ
8	Ⓐ	Ⓑ	Ⓒ	Ⓓ
9	Ⓐ	Ⓑ	Ⓒ	Ⓓ
10	Ⓐ	Ⓑ	Ⓒ	Ⓓ

STAGE 02

No.	ANSWER		
	A	B	C
1	Ⓐ	Ⓑ	Ⓒ
2	Ⓐ	Ⓑ	Ⓒ
3	Ⓐ	Ⓑ	Ⓒ
4	Ⓐ	Ⓑ	Ⓒ
5	Ⓐ	Ⓑ	Ⓒ
6	Ⓐ	Ⓑ	Ⓒ
7	Ⓐ	Ⓑ	Ⓒ
8	Ⓐ	Ⓑ	Ⓒ
9	Ⓐ	Ⓑ	Ⓒ
10	Ⓐ	Ⓑ	Ⓒ

STAGE 03

No.	ANSWER	
	A	B
1	Ⓐ	Ⓑ
2	Ⓐ	Ⓑ
3	Ⓐ	Ⓑ
4	Ⓐ	Ⓑ
5	Ⓐ	Ⓑ
6	Ⓐ	Ⓑ
7	Ⓐ	Ⓑ
8	Ⓐ	Ⓑ
9	Ⓐ	Ⓑ
10	Ⓐ	Ⓑ

STAGE 04

No.	ANSWER	
	A	B
1	Ⓐ	Ⓑ
2	Ⓐ	Ⓑ
3	Ⓐ	Ⓑ
4	Ⓐ	Ⓑ
5	Ⓐ	Ⓑ
6	Ⓐ	Ⓑ
7	Ⓐ	Ⓑ
8	Ⓐ	Ⓑ
9	Ⓐ	Ⓑ
10	Ⓐ	Ⓑ

STAGE 05

No.	ANSWER		
	A	B	C
1	Ⓐ	Ⓑ	Ⓒ
2	Ⓐ	Ⓑ	Ⓒ
3	Ⓐ	Ⓑ	Ⓒ
4	Ⓐ	Ⓑ	Ⓒ
5	Ⓐ	Ⓑ	Ⓒ
6	Ⓐ	Ⓑ	Ⓒ
7	Ⓐ	Ⓑ	Ⓒ
8	Ⓐ	Ⓑ	Ⓒ
9	Ⓐ	Ⓑ	Ⓒ
10	Ⓐ	Ⓑ	Ⓒ

STAGE 06

No.	ANSWER	
	A	B
1	Ⓐ	Ⓑ
2	Ⓐ	Ⓑ
3	Ⓐ	Ⓑ
4	Ⓐ	Ⓑ
5	Ⓐ	Ⓑ
6	Ⓐ	Ⓑ
7	Ⓐ	Ⓑ
8	Ⓐ	Ⓑ
9	Ⓐ	Ⓑ
10	Ⓐ	Ⓑ

STAGE 07

No.	ANSWER	
	A	B
1	Ⓐ	Ⓑ
2	Ⓐ	Ⓑ
3	Ⓐ	Ⓑ
4	Ⓐ	Ⓑ
5	Ⓐ	Ⓑ
6	Ⓐ	Ⓑ
7	Ⓐ	Ⓑ
8	Ⓐ	Ⓑ
9	Ⓐ	Ⓑ
10	Ⓐ	Ⓑ

STAGE 08

No.	ANSWER		
	A	B	C
1	Ⓐ	Ⓑ	Ⓒ
2	Ⓐ	Ⓑ	Ⓒ
3	Ⓐ	Ⓑ	Ⓒ
4	Ⓐ	Ⓑ	Ⓒ
5	Ⓐ	Ⓑ	Ⓒ
6	Ⓐ	Ⓑ	Ⓒ
7	Ⓐ	Ⓑ	Ⓒ
8	Ⓐ	Ⓑ	Ⓒ
9	Ⓐ	Ⓑ	Ⓒ
10	Ⓐ	Ⓑ	Ⓒ

STAGE 09

No.	ANSWER	
	A	B
1	Ⓐ	Ⓑ
2	Ⓐ	Ⓑ
3	Ⓐ	Ⓑ
4	Ⓐ	Ⓑ
5	Ⓐ	Ⓑ
6	Ⓐ	Ⓑ
7	Ⓐ	Ⓑ
8	Ⓐ	Ⓑ
9	Ⓐ	Ⓑ
10	Ⓐ	Ⓑ

STAGE 10

No.	ANSWER	
	A	B
1	Ⓐ	Ⓑ
2	Ⓐ	Ⓑ
3	Ⓐ	Ⓑ
4	Ⓐ	Ⓑ
5	Ⓐ	Ⓑ
6	Ⓐ	Ⓑ
7	Ⓐ	Ⓑ
8	Ⓐ	Ⓑ
9	Ⓐ	Ⓑ
10	Ⓐ	Ⓑ

リスニング STAGE STEP 3 実践問題 解答用紙

STAGE 01				
No.	ANSWER			
	A	B	C	D
1	Ⓐ	Ⓑ	Ⓒ	Ⓓ
2	Ⓐ	Ⓑ	Ⓒ	Ⓓ
3	Ⓐ	Ⓑ	Ⓒ	Ⓓ
4	Ⓐ	Ⓑ	Ⓒ	Ⓓ
5	Ⓐ	Ⓑ	Ⓒ	Ⓓ

STAGE 02			
No.	ANSWER		
	A	B	C
1	Ⓐ	Ⓑ	Ⓒ
2	Ⓐ	Ⓑ	Ⓒ
3	Ⓐ	Ⓑ	Ⓒ
4	Ⓐ	Ⓑ	Ⓒ
5	Ⓐ	Ⓑ	Ⓒ

STAGE 03			
No.	ANSWER		
	A	B	C
1	Ⓐ	Ⓑ	Ⓒ
2	Ⓐ	Ⓑ	Ⓒ
3	Ⓐ	Ⓑ	Ⓒ
4	Ⓐ	Ⓑ	Ⓒ
5	Ⓐ	Ⓑ	Ⓒ

STAGE 04			
No.	ANSWER		
	A	B	C
1	Ⓐ	Ⓑ	Ⓒ
2	Ⓐ	Ⓑ	Ⓒ
3	Ⓐ	Ⓑ	Ⓒ
4	Ⓐ	Ⓑ	Ⓒ
5	Ⓐ	Ⓑ	Ⓒ

STAGE 05			
No.	ANSWER		
	A	B	C
1	Ⓐ	Ⓑ	Ⓒ
2	Ⓐ	Ⓑ	Ⓒ
3	Ⓐ	Ⓑ	Ⓒ
4	Ⓐ	Ⓑ	Ⓒ
5	Ⓐ	Ⓑ	Ⓒ

STAGE 06			
No.	ANSWER		
	A	B	C
1	Ⓐ	Ⓑ	Ⓒ
2	Ⓐ	Ⓑ	Ⓒ
3	Ⓐ	Ⓑ	Ⓒ
4	Ⓐ	Ⓑ	Ⓒ
5	Ⓐ	Ⓑ	Ⓒ

STAGE 07			
No.	ANSWER		
	A	B	C
1	Ⓐ	Ⓑ	Ⓒ
2	Ⓐ	Ⓑ	Ⓒ
3	Ⓐ	Ⓑ	Ⓒ
4	Ⓐ	Ⓑ	Ⓒ
5	Ⓐ	Ⓑ	Ⓒ

STAGE 08			
No.	ANSWER		
	A	B	C
1	Ⓐ	Ⓑ	Ⓒ
2	Ⓐ	Ⓑ	Ⓒ
3	Ⓐ	Ⓑ	Ⓒ
4	Ⓐ	Ⓑ	Ⓒ
5	Ⓐ	Ⓑ	Ⓒ

STAGE 09			
No.	ANSWER		
	A	B	C
1	Ⓐ	Ⓑ	Ⓒ
2	Ⓐ	Ⓑ	Ⓒ
3	Ⓐ	Ⓑ	Ⓒ
4	Ⓐ	Ⓑ	Ⓒ
5	Ⓐ	Ⓑ	Ⓒ

STAGE 10			
No.	ANSWER		
	A	B	C
1	Ⓐ	Ⓑ	Ⓒ
2	Ⓐ	Ⓑ	Ⓒ
3	Ⓐ	Ⓑ	Ⓒ
4	Ⓐ	Ⓑ	Ⓒ
5	Ⓐ	Ⓑ	Ⓒ

リスニング STAGE STEP 4 本番レベルの問題 解答用紙

STAGE 01					STAGE 02				STAGE 03				STAGE 04				STAGE 05			
No.	ANSWER				No.	ANSWER			No.	ANSWER			No.	ANSWER			No.	ANSWER		
	A	B	C	D		A	B	C		A	B	C		A	B	C		A	B	C
1	Ⓐ	Ⓑ	Ⓒ	Ⓓ	1	Ⓐ	Ⓑ	Ⓒ	1	Ⓐ	Ⓑ	Ⓒ	1	Ⓐ	Ⓑ	Ⓒ	1	Ⓐ	Ⓑ	Ⓒ
2	Ⓐ	Ⓑ	Ⓒ	Ⓓ	2	Ⓐ	Ⓑ	Ⓒ	2	Ⓐ	Ⓑ	Ⓒ	2	Ⓐ	Ⓑ	Ⓒ	2	Ⓐ	Ⓑ	Ⓒ
3	Ⓐ	Ⓑ	Ⓒ	Ⓓ	3	Ⓐ	Ⓑ	Ⓒ	3	Ⓐ	Ⓑ	Ⓒ	3	Ⓐ	Ⓑ	Ⓒ	3	Ⓐ	Ⓑ	Ⓒ
4	Ⓐ	Ⓑ	Ⓒ	Ⓓ	4	Ⓐ	Ⓑ	Ⓒ	4	Ⓐ	Ⓑ	Ⓒ	4	Ⓐ	Ⓑ	Ⓒ	4	Ⓐ	Ⓑ	Ⓒ
5	Ⓐ	Ⓑ	Ⓒ	Ⓓ	5	Ⓐ	Ⓑ	Ⓒ	5	Ⓐ	Ⓑ	Ⓒ	5	Ⓐ	Ⓑ	Ⓒ	5	Ⓐ	Ⓑ	Ⓒ

STAGE 06				STAGE 07				STAGE 08				STAGE 09				STAGE 10			
No.	ANSWER			No.	ANSWER			No.	ANSWER			No.	ANSWER			No.	ANSWER		
	A	B	C		A	B	C		A	B	C		A	B	C		A	B	C
1	Ⓐ	Ⓑ	Ⓒ	1	Ⓐ	Ⓑ	Ⓒ	1	Ⓐ	Ⓑ	Ⓒ	1	Ⓐ	Ⓑ	Ⓒ	1	Ⓐ	Ⓑ	Ⓒ
2	Ⓐ	Ⓑ	Ⓒ	2	Ⓐ	Ⓑ	Ⓒ	2	Ⓐ	Ⓑ	Ⓒ	2	Ⓐ	Ⓑ	Ⓒ	2	Ⓐ	Ⓑ	Ⓒ
3	Ⓐ	Ⓑ	Ⓒ	3	Ⓐ	Ⓑ	Ⓒ	3	Ⓐ	Ⓑ	Ⓒ	3	Ⓐ	Ⓑ	Ⓒ	3	Ⓐ	Ⓑ	Ⓒ
4	Ⓐ	Ⓑ	Ⓒ	4	Ⓐ	Ⓑ	Ⓒ	4	Ⓐ	Ⓑ	Ⓒ	4	Ⓐ	Ⓑ	Ⓒ	4	Ⓐ	Ⓑ	Ⓒ
5	Ⓐ	Ⓑ	Ⓒ	5	Ⓐ	Ⓑ	Ⓒ	5	Ⓐ	Ⓑ	Ⓒ	5	Ⓐ	Ⓑ	Ⓒ	5	Ⓐ	Ⓑ	Ⓒ

文法 STAGE STEP 1 練習問題 解答用紙

STAGE 01					STAGE 02					STAGE 03					STAGE 04					STAGE 05				
No.	ANSWER				No.	ANSWER				No.	ANSWER				No.	ANSWER				No.	ANSWER			
	A	B	C	D		A	B	C	D		A	B	C	D		A	B	C	D		A	B	C	D
1	Ⓐ	Ⓑ	Ⓒ	Ⓓ	1	Ⓐ	Ⓑ	Ⓒ	Ⓓ	1	Ⓐ	Ⓑ	Ⓒ	Ⓓ	1	Ⓐ	Ⓑ	Ⓒ	Ⓓ	1	Ⓐ	Ⓑ	Ⓒ	Ⓓ
2	Ⓐ	Ⓑ	Ⓒ	Ⓓ	2	Ⓐ	Ⓑ	Ⓒ	Ⓓ	2	Ⓐ	Ⓑ	Ⓒ	Ⓓ	2	Ⓐ	Ⓑ	Ⓒ	Ⓓ	2	Ⓐ	Ⓑ	Ⓒ	Ⓓ
3	Ⓐ	Ⓑ	Ⓒ	Ⓓ	3	Ⓐ	Ⓑ	Ⓒ	Ⓓ	3	Ⓐ	Ⓑ	Ⓒ	Ⓓ	3	Ⓐ	Ⓑ	Ⓒ	Ⓓ	3	Ⓐ	Ⓑ	Ⓒ	Ⓓ
4	Ⓐ	Ⓑ	Ⓒ	Ⓓ	4	Ⓐ	Ⓑ	Ⓒ	Ⓓ	4	Ⓐ	Ⓑ	Ⓒ	Ⓓ	4	Ⓐ	Ⓑ	Ⓒ	Ⓓ	4	Ⓐ	Ⓑ	Ⓒ	Ⓓ
5	Ⓐ	Ⓑ	Ⓒ	Ⓓ	5	Ⓐ	Ⓑ	Ⓒ	Ⓓ	5	Ⓐ	Ⓑ	Ⓒ	Ⓓ	5	Ⓐ	Ⓑ	Ⓒ	Ⓓ	5	Ⓐ	Ⓑ	Ⓒ	Ⓓ

STAGE 06					STAGE 07			STAGE 08			STAGE 09			STAGE 10		
No.	ANSWER				No.	ANSWER		No.	ANSWER		No.	ANSWER		No.	ANSWER	
	A	B	C	D		A	B		A	B		A	B		A	B
1	Ⓐ	Ⓑ	Ⓒ	Ⓓ	1	Ⓐ	Ⓑ	1	Ⓐ	Ⓑ	1	Ⓐ	Ⓑ	1	Ⓐ	Ⓑ
2	Ⓐ	Ⓑ	Ⓒ	Ⓓ	2	Ⓐ	Ⓑ	2	Ⓐ	Ⓑ	2	Ⓐ	Ⓑ	2	Ⓐ	Ⓑ
3	Ⓐ	Ⓑ	Ⓒ	Ⓓ	3	Ⓐ	Ⓑ	3	Ⓐ	Ⓑ	3	Ⓐ	Ⓑ	3	Ⓐ	Ⓑ
4	Ⓐ	Ⓑ	Ⓒ	Ⓓ	4	Ⓐ	Ⓑ	4	Ⓐ	Ⓑ	4	Ⓐ	Ⓑ	4	Ⓐ	Ⓑ
5	Ⓐ	Ⓑ	Ⓒ	Ⓓ	5	Ⓐ	Ⓑ	5	Ⓐ	Ⓑ	5	Ⓐ	Ⓑ	5	Ⓐ	Ⓑ

文法 STAGE STEP 2 基礎問題 解答用紙

STAGE 01

No.	ANSWER			
	A	B	C	D
1	Ⓐ	Ⓑ	Ⓒ	Ⓓ
2	Ⓐ	Ⓑ	Ⓒ	Ⓓ
3	Ⓐ	Ⓑ	Ⓒ	Ⓓ
4	Ⓐ	Ⓑ	Ⓒ	Ⓓ
5	Ⓐ	Ⓑ	Ⓒ	Ⓓ
6	Ⓐ	Ⓑ	Ⓒ	Ⓓ
7	Ⓐ	Ⓑ	Ⓒ	Ⓓ
8	Ⓐ	Ⓑ	Ⓒ	Ⓓ
9	Ⓐ	Ⓑ	Ⓒ	Ⓓ
10	Ⓐ	Ⓑ	Ⓒ	Ⓓ

STAGE 02

No.	ANSWER			
	A	B	C	D
1	Ⓐ	Ⓑ	Ⓒ	Ⓓ
2	Ⓐ	Ⓑ	Ⓒ	Ⓓ
3	Ⓐ	Ⓑ	Ⓒ	Ⓓ
4	Ⓐ	Ⓑ	Ⓒ	Ⓓ
5	Ⓐ	Ⓑ	Ⓒ	Ⓓ
6	Ⓐ	Ⓑ	Ⓒ	Ⓓ
7	Ⓐ	Ⓑ	Ⓒ	Ⓓ
8	Ⓐ	Ⓑ	Ⓒ	Ⓓ
9	Ⓐ	Ⓑ	Ⓒ	Ⓓ
10	Ⓐ	Ⓑ	Ⓒ	Ⓓ

STAGE 03

No.	ANSWER		
	A	B	C
1	Ⓐ	Ⓑ	
2	Ⓐ	Ⓑ	
3	Ⓐ	Ⓑ	
4	Ⓐ	Ⓑ	
5	Ⓐ	Ⓑ	
6	Ⓐ	Ⓑ	Ⓒ
7	Ⓐ	Ⓑ	Ⓒ
8	Ⓐ	Ⓑ	Ⓒ
9	Ⓐ	Ⓑ	Ⓒ
10	Ⓐ	Ⓑ	Ⓒ

STAGE 04

No.	ANSWER		
	A	B	C
1	Ⓐ	Ⓑ	
2	Ⓐ	Ⓑ	
3	Ⓐ	Ⓑ	
4	Ⓐ	Ⓑ	
5	Ⓐ	Ⓑ	
6	Ⓐ	Ⓑ	Ⓒ
7	Ⓐ	Ⓑ	Ⓒ
8	Ⓐ	Ⓑ	Ⓒ
9	Ⓐ	Ⓑ	Ⓒ
10	Ⓐ	Ⓑ	Ⓒ

STAGE 05

No.	ANSWER		
	A	B	C
1	Ⓐ	Ⓑ	
2	Ⓐ	Ⓑ	
3	Ⓐ	Ⓑ	
4	Ⓐ	Ⓑ	
5	Ⓐ	Ⓑ	
6	Ⓐ	Ⓑ	Ⓒ
7	Ⓐ	Ⓑ	Ⓒ
8	Ⓐ	Ⓑ	Ⓒ
9	Ⓐ	Ⓑ	Ⓒ
10	Ⓐ	Ⓑ	Ⓒ

STAGE 06

No.	ANSWER	
	A	B
1	Ⓐ	Ⓑ
2	Ⓐ	Ⓑ
3	Ⓐ	Ⓑ
4	Ⓐ	Ⓑ
5	Ⓐ	Ⓑ
6	Ⓐ	Ⓑ
7	Ⓐ	Ⓑ
8	Ⓐ	Ⓑ
9	Ⓐ	Ⓑ
10	Ⓐ	Ⓑ

STAGE 07

No.	ANSWER	
	A	B
1	Ⓐ	Ⓑ
2	Ⓐ	Ⓑ
3	Ⓐ	Ⓑ
4	Ⓐ	Ⓑ
5	Ⓐ	Ⓑ
6	Ⓐ	Ⓑ
7	Ⓐ	Ⓑ
8	Ⓐ	Ⓑ
9	Ⓐ	Ⓑ
10	Ⓐ	Ⓑ

STAGE 08

No.	ANSWER		
	A	B	C
1	Ⓐ	Ⓑ	Ⓒ
2	Ⓐ	Ⓑ	Ⓒ
3	Ⓐ	Ⓑ	Ⓒ
4	Ⓐ	Ⓑ	Ⓒ
5	Ⓐ	Ⓑ	Ⓒ
6	Ⓐ	Ⓑ	Ⓒ
7	Ⓐ	Ⓑ	Ⓒ
8	Ⓐ	Ⓑ	Ⓒ
9	Ⓐ	Ⓑ	Ⓒ
10	Ⓐ	Ⓑ	Ⓒ

STAGE 09

No.	ANSWER	
	A	B
1	Ⓐ	Ⓑ
2	Ⓐ	Ⓑ
3	Ⓐ	Ⓑ
4	Ⓐ	Ⓑ
5	Ⓐ	Ⓑ
6	Ⓐ	Ⓑ
7	Ⓐ	Ⓑ
8	Ⓐ	Ⓑ
9	Ⓐ	Ⓑ
10	Ⓐ	Ⓑ

STAGE 10

No.	ANSWER		
	A	B	C
1	Ⓐ	Ⓑ	
2	Ⓐ	Ⓑ	
3	Ⓐ	Ⓑ	
4	Ⓐ	Ⓑ	
5	Ⓐ	Ⓑ	
6	Ⓐ	Ⓑ	Ⓒ
7	Ⓐ	Ⓑ	Ⓒ
8	Ⓐ	Ⓑ	Ⓒ
9	Ⓐ	Ⓑ	Ⓒ
10	Ⓐ	Ⓑ	Ⓒ

文法 STAGE STEP 3 実践問題 解答用紙

STAGE 01					STAGE 02					STAGE 03					STAGE 04					STAGE 05				
No.	ANSWER				No.	ANSWER				No.	ANSWER				No.	ANSWER				No.	ANSWER			
	A	B	C	D		A	B	C	D		A	B	C	D		A	B	C	D		A	B	C	D
1	Ⓐ	Ⓑ	Ⓒ	Ⓓ	1	Ⓐ	Ⓑ	Ⓒ	Ⓓ	1	Ⓐ	Ⓑ	Ⓒ	Ⓓ	1	Ⓐ	Ⓑ	Ⓒ	Ⓓ	1	Ⓐ	Ⓑ	Ⓒ	Ⓓ
2	Ⓐ	Ⓑ	Ⓒ	Ⓓ	2	Ⓐ	Ⓑ	Ⓒ	Ⓓ	2	Ⓐ	Ⓑ	Ⓒ	Ⓓ	2	Ⓐ	Ⓑ	Ⓒ	Ⓓ	2	Ⓐ	Ⓑ	Ⓒ	Ⓓ
3	Ⓐ	Ⓑ	Ⓒ	Ⓓ	3	Ⓐ	Ⓑ	Ⓒ	Ⓓ	3	Ⓐ	Ⓑ	Ⓒ	Ⓓ	3	Ⓐ	Ⓑ	Ⓒ	Ⓓ	3	Ⓐ	Ⓑ	Ⓒ	Ⓓ
4	Ⓐ	Ⓑ	Ⓒ	Ⓓ	4	Ⓐ	Ⓑ	Ⓒ	Ⓓ	4	Ⓐ	Ⓑ	Ⓒ	Ⓓ	4	Ⓐ	Ⓑ	Ⓒ	Ⓓ	4	Ⓐ	Ⓑ	Ⓒ	Ⓓ
5	Ⓐ	Ⓑ	Ⓒ	Ⓓ	5	Ⓐ	Ⓑ	Ⓒ	Ⓓ	5	Ⓐ	Ⓑ	Ⓒ	Ⓓ	5	Ⓐ	Ⓑ	Ⓒ	Ⓓ	5	Ⓐ	Ⓑ	Ⓒ	Ⓓ

STAGE 06					STAGE 07					STAGE 08					STAGE 09					STAGE 10				
No.	ANSWER				No.	ANSWER				No.	ANSWER				No.	ANSWER				No.	ANSWER			
	A	B	C	D		A	B	C	D		A	B	C	D		A	B	C	D		A	B	C	D
1	Ⓐ	Ⓑ	Ⓒ	Ⓓ	1	Ⓐ	Ⓑ	Ⓒ	Ⓓ	1	Ⓐ	Ⓑ	Ⓒ	Ⓓ	1	Ⓐ	Ⓑ	Ⓒ	Ⓓ	1	Ⓐ	Ⓑ	Ⓒ	Ⓓ
2	Ⓐ	Ⓑ	Ⓒ	Ⓓ	2	Ⓐ	Ⓑ	Ⓒ	Ⓓ	2	Ⓐ	Ⓑ	Ⓒ	Ⓓ	2	Ⓐ	Ⓑ	Ⓒ	Ⓓ	2	Ⓐ	Ⓑ	Ⓒ	Ⓓ
3	Ⓐ	Ⓑ	Ⓒ	Ⓓ	3	Ⓐ	Ⓑ	Ⓒ	Ⓓ	3	Ⓐ	Ⓑ	Ⓒ	Ⓓ	3	Ⓐ	Ⓑ	Ⓒ	Ⓓ	3	Ⓐ	Ⓑ	Ⓒ	Ⓓ
4	Ⓐ	Ⓑ	Ⓒ	Ⓓ	4	Ⓐ	Ⓑ	Ⓒ	Ⓓ	4	Ⓐ	Ⓑ	Ⓒ	Ⓓ	4	Ⓐ	Ⓑ	Ⓒ	Ⓓ	4	Ⓐ	Ⓑ	Ⓒ	Ⓓ
5	Ⓐ	Ⓑ	Ⓒ	Ⓓ	5	Ⓐ	Ⓑ	Ⓒ	Ⓓ	5	Ⓐ	Ⓑ	Ⓒ	Ⓓ	5	Ⓐ	Ⓑ	Ⓒ	Ⓓ	5	Ⓐ	Ⓑ	Ⓒ	Ⓓ

文法 STAGE STEP 4 本番レベルの問題 解答用紙

STAGE 01		STAGE 02		STAGE 03		STAGE 04		STAGE 05	
No.	ANSWER A B C D	No.	ANSWER A B C D	No.	ANSWER A B C D	No.	ANSWER A B C D	No.	ANSWER A B C D
1	Ⓐ Ⓑ Ⓒ Ⓓ	1	Ⓐ Ⓑ Ⓒ Ⓓ	1	Ⓐ Ⓑ Ⓒ Ⓓ	1	Ⓐ Ⓑ Ⓒ Ⓓ	1	Ⓐ Ⓑ Ⓒ Ⓓ
2	Ⓐ Ⓑ Ⓒ Ⓓ	2	Ⓐ Ⓑ Ⓒ Ⓓ	2	Ⓐ Ⓑ Ⓒ Ⓓ	2	Ⓐ Ⓑ Ⓒ Ⓓ	2	Ⓐ Ⓑ Ⓒ Ⓓ
3	Ⓐ Ⓑ Ⓒ Ⓓ	3	Ⓐ Ⓑ Ⓒ Ⓓ	3	Ⓐ Ⓑ Ⓒ Ⓓ	3	Ⓐ Ⓑ Ⓒ Ⓓ	3	Ⓐ Ⓑ Ⓒ Ⓓ
4	Ⓐ Ⓑ Ⓒ Ⓓ	4	Ⓐ Ⓑ Ⓒ Ⓓ	4	Ⓐ Ⓑ Ⓒ Ⓓ	4	Ⓐ Ⓑ Ⓒ Ⓓ	4	Ⓐ Ⓑ Ⓒ Ⓓ
5	Ⓐ Ⓑ Ⓒ Ⓓ	5	Ⓐ Ⓑ Ⓒ Ⓓ	5	Ⓐ Ⓑ Ⓒ Ⓓ	5	Ⓐ Ⓑ Ⓒ Ⓓ	5	Ⓐ Ⓑ Ⓒ Ⓓ

STAGE 06		STAGE 07		STAGE 08		STAGE 09		STAGE 10	
No.	ANSWER A B C D	No.	ANSWER A B C D	No.	ANSWER A B C D	No.	ANSWER A B C D	No.	ANSWER A B C D
1	Ⓐ Ⓑ Ⓒ Ⓓ	1	Ⓐ Ⓑ Ⓒ Ⓓ	1	Ⓐ Ⓑ Ⓒ Ⓓ	1	Ⓐ Ⓑ Ⓒ Ⓓ	1	Ⓐ Ⓑ Ⓒ Ⓓ
2	Ⓐ Ⓑ Ⓒ Ⓓ	2	Ⓐ Ⓑ Ⓒ Ⓓ	2	Ⓐ Ⓑ Ⓒ Ⓓ	2	Ⓐ Ⓑ Ⓒ Ⓓ	2	Ⓐ Ⓑ Ⓒ Ⓓ
3	Ⓐ Ⓑ Ⓒ Ⓓ	3	Ⓐ Ⓑ Ⓒ Ⓓ	3	Ⓐ Ⓑ Ⓒ Ⓓ	3	Ⓐ Ⓑ Ⓒ Ⓓ	3	Ⓐ Ⓑ Ⓒ Ⓓ
4	Ⓐ Ⓑ Ⓒ Ⓓ	4	Ⓐ Ⓑ Ⓒ Ⓓ	4	Ⓐ Ⓑ Ⓒ Ⓓ	4	Ⓐ Ⓑ Ⓒ Ⓓ	4	Ⓐ Ⓑ Ⓒ Ⓓ
5	Ⓐ Ⓑ Ⓒ Ⓓ	5	Ⓐ Ⓑ Ⓒ Ⓓ	5	Ⓐ Ⓑ Ⓒ Ⓓ	5	Ⓐ Ⓑ Ⓒ Ⓓ	5	Ⓐ Ⓑ Ⓒ Ⓓ

おわりに

一度は合格した大学に手続きをしておきながら、浪人して無謀にも難関大学を目指した理由は親友の存在です。高校時代、Mr.赤点と呼ばれた僕は補習の常連でした。部活では常にベンチでしたが、補習では必ずスタメンで招集され、文武ともに誰にも負けない伸びしろを発揮しました。

その補習でいつも顔を合わせていたのが上野君でした。「お前勉強しろや」と自分のことは棚に上げながら、毎日いろんな話をしながら一緒に下校しました。大学受験で上野君は猛勉強の末、関西の有名大学に合格します。しかし彼は、嬉しい素振りなど微塵も見せずに「お前が合格せんとひとっつも嬉しない」と言いました。その言葉が悔しくて、あるいは寂しくて、僕は勉強を続けました。浪人時代はいつも「お前の挑戦はすごい。でも不合格やったらただの記念受験。合格してやっとお前と同じくらいのアホが勇気づけられる」と僕を励ましてくれました。その言葉に燃えたのは、同じく劣等生だった僕たちが変われるかもしれないこと、そして同じく劣等感を感じている誰かを勇気づけたかったからだと思います。上野君はそれを先に僕に見せてくれたのです。

上野君と僕が共に大学生だった22の春、彼は亡くなりました。

彼が僕に見せてくれた「俺ができてんから、お前もできるに決まってるやろ！」を伝えるために僕は今大学、専門学校で教壇に立っています。生きている、それだけで素晴らしいあなたです。そのあなたの挑戦に「大丈夫、できる！」と本書を通じて勇気づけることができれば、著者としてこれほど嬉しいことはありません。

本書の制作には編集者の信田康平さんの多大なご尽力を賜りました。この場を借りて御礼申し上げます。

和久健司　わく けんじ

東京都出身。小学6年生のときにアメリカ・オレゴン州にてホームステイを体験。大学時代はバックパッカーとして世界各地を放浪。早稲田大学第一文学部文芸専修、法政大学大学院政策創造研究科卒。サラリーマン、オーストラリア移住、バーテンダー、旅行雑誌編集などを経て、現在、帝京平成大学助教・神田外語学院非常勤講師。著書に『ゼロからのTOEIC® L&Rテスト600点 全パート講義』『ゼロからのTOEIC® L&Rテスト リーディング講義』『ゼロからのTOEIC® L&Rテスト リスニング講義』（ジャパンタイムズ出版）がある。

中学英語から最短ルートでスコアUP!

TOEIC® L&Rテスト 文法&リスニング 基礎トレ500問

発行日　2023年8月24日（初版）

著者	和久健司
編集	株式会社アルク 書籍編集部
問題作成協力	合同会社トップクラウドコラボレーション
校正	Peter Branscombe、廣友詞子
デザイン	坂本弓華（株式会社dig）
ナレーション	Dominic Allen、Jennifer Okano
イラスト	中根ゆたか
録音・編集	ELEC録音スタジオ
DTP	秀文社
印刷・製本	シナノ印刷株式会社
発行者	天野智之
発行所	株式会社アルク 〒102-0073　東京都千代田区九段北4-2-6　市ヶ谷ビル Website：https://www.alc.co.jp/

落丁本、乱丁本は弊社にてお取り替えいたしております。
Webお問い合わせフォームまでご相談ください。
https://www.alc.co.jp/inquiry/

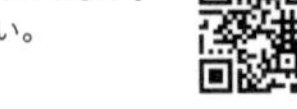

PC:7023032　ISBN: 978-4-7574-4034-0

地球人ネットワークを創る
アルクのシンボル
「地球人マーク」です。